国际空间法理论与实践的新发展

——国际空间法模拟法庭竞赛诉状与案例（2020）

◎刘功奇　蔡高强　编著

湘潭大学出版社

“国家级法学实验教学示范中心（湘潭大学）”研究成果

“法学国家级一流本科专业建设点（湘潭大学）”研究成果

“法学体验式教学改革”项目研究成果

前　言

曼弗雷德·拉克斯国际空间法模拟法庭竞赛是国际空间法学会1992年创办的年度性世界级模拟法庭大赛，该项大赛因其每年的全球总决赛由国际法院3位现任大法官亲自出庭审理而成为当今世界最高级别的模拟法庭大赛。

国际空间法学会主办的曼弗雷德·拉克斯国际空间法模拟法庭竞赛分为各国国内选拔赛、四大区域竞赛和全球总决赛三个层级，统一使用国际空间法学会组织编写的案例，其中的全球半决赛和总决赛通常安排在每年9、10月份的国际宇航大会期间举行。

在世界赛前，全球有四个地区赛，分别是亚太赛区、非洲赛区、北美洲赛区、欧洲赛区。从这四个地区赛中胜出的四支冠军队伍将会参加世界赛。亚太赛区一直都是四个赛区中竞争最为激烈、参赛队伍最多的赛区。在亚太赛前，通常会有国内赛，选拔出优秀的队伍去参加亚太赛区比赛，如中国、印度；但也有的国家没有国内赛，参赛队伍直接参加亚太赛区的比赛，如澳大利亚。中国的国内赛一般在每年12月份举办，地点不定，获得国内赛冠军的队伍将会获得我国空间法学会的资助去参加亚太赛区比赛。

空间法模拟法庭竞赛让全世界数以万计的青年学生接触到空间法，对于他们来说这是十分宝贵的人生经历。许多辩手目前虽然已经身居高位，但仍然怀念他们的竞赛经历。参加竞赛不仅有利于青年学生学习表达和写作、展现团队精神，还可以结识来自其他国家的学生并成为终生好友。更重要的是，他们将把空间法和法律思维应用到实践当中，从而宣传推广空间法、促进航天事业发展。

中国空间法学会自2003年开始组织国内高校学生参赛并组织全国选拔赛，目前已经成功举办17届。这项活动对于普及外层空间法知识，让在校学生了解外层空间可能发生的法律纠纷，提高参赛学生的国际法应用能力、临场思辨能力以及法律英语水平，选拔优秀人才代表中国参加国际比赛，均产生了良好效果。经过多年的精心培育，中国空间法学会主办的曼弗雷德·拉克斯国际空间法模拟法庭竞赛活动作为国际空间法学会模拟法庭全球竞赛体系的重要组成部分，已经成为其最为活跃的单一国家赛区，并成为中国最具品牌影响力的法律英语类大型模拟法庭竞赛活动之一。

中国空间法模拟法庭竞赛采用国际空间法学会年度曼弗雷德·拉克斯模拟法庭竞赛活动最新案例。竞赛全程用英语进行。各参赛队竞赛成绩由书面诉状竞赛和口头辩论赛两部分构成，二者的权重比例为4∶6。其中书面诉状评审工作由6名专家学者作为评委以匿名评审方式进行客观、公正的评审，其中包括国际法协会专家、联合国总部法律专家、中国香港地区空间法专家、中国内地空间法专家。3位主审法官对每一场比赛进行现场打分，经过法官合议，结合书面诉状评审和口头辩论赛结果，确定了各参赛队初赛综合成绩，并由此确定进行决赛的两个参赛队及各参赛队最终成绩。

不论在中国还是在全球其他国家，空间法模拟法庭竞赛是促进空间法教学与研究的一种手段，是各国青年学子交流和展示的一个平台。因为竞赛全程使用英语进行，所以参赛者不仅要在法律专业上下功夫，而且还要能够运用英语进行思考和辩论，实践性、竞争性很强，对临场应变、团队配合的要求很高。这对各国参赛选手，特别是母语非英语国家的选手，是很大的挑战。能够参加竞赛、进入决赛的人员毕竟是少数，但参赛全过程将成为培养竞争意识、促进教学相长的重要动力。通过竞赛，我们可以看到自身国际法教学中的不足，可以检验我们学生的英语能力，可以让我们的学生获取难得的国际竞赛经验，这对他们今后的成长具有现实意义。

中国空间法学会认真总结竞赛活动的举办经验，力争将模拟法庭竞赛活动组织工作办得更加出色，带动更多知名高校参加国内、国际竞赛，以此推动中国参赛水平不断迈上新台阶，早日实现冲出亚太地区、走向世界的奋斗目标，同时将空间法模拟法庭竞赛活动打造成国内超一流的品牌赛事活动，为宣传中国航天事业的辉煌成就、持续提升中国航天软实力、服务世界航天强国建设作出应有的贡献。

竞赛目的不是为了得奖，也不应仅限于少数几位同学参与。参赛实力最终取决于我们国际法教学的整体水平和能力，因此希望通过竞赛能够促进我们的国际法教学与研究。参加空间法模拟法庭竞赛活动对于普及外层空间法知识，让在校学生了解外层空间可能发生的法律纠纷，提高参赛学生的国际法应用能力、临场思辨能力以及法律英语水平，选拔优秀人才代表中国学生参加国际比赛，均产生了良好效果。中国空间法学会主办的曼弗雷德·拉克斯国际空间法模拟法庭竞赛已经成为国内最具影响力的模拟法庭竞赛活动之一，竞赛成绩逐年提高，参赛队伍逐步扩大。

特别是联合国国际法院在任3位大法官执裁国际空间法模拟法庭全球总决赛，对拓展中国师生的国际视野、展示中国法学学科的建设成果、扩大中国高校的国际影响、提升中国高校的空间法教学科研水平，具有十分重要的意义。

湘潭大学法学院自2012年开始组织在校本科生、研究生参加空间法模拟法庭竞赛以来，已有200多名学生参加了空间法模拟法庭竞赛的有关工作，参赛成绩在不断提升，每次都拿到了团体总分奖励与荣誉，一次荣获团体亚军、一次荣获亚太赛区二等奖，三次获得最佳诉状奖，四次获得参加亚太地区比赛的邀请。

通过参加空间法模拟法庭竞赛，同学们掌握了扎实的国际法基础知识，特别是空间法知识。法律应用能力和实践技能得到全面提升，尤其是法庭论辩技巧、法律文书写作、法律思维训练、法律资料搜索能力。同学们运用英语语言和英语思维，依靠对法律条文的精准把握、缜密的逻辑推理和灵活的现场应对，与主审法官进行面对面交锋，全面提升了英语听、说、读、写、译的能力。

更重要的是，空间法模拟法庭竞赛培养了同学们的组织协调能力、共同协作能力、吃苦耐劳精神和拼搏精神。湘潭大学法学院没有为本科生开设专门的空间法课程，也没有开设空间法模拟法庭课程，参赛的同学们只是在指导老师的组织下，用近两个月的时间来完成参赛的一切工作。没有高效的组织协调、没有精准的协同作战、没有艰苦拼搏的意志，要在全国决赛中取得名次和荣誉，几乎是不可能的。

在湘潭大学党委副书记廖永安的关怀下，湘潭大学教务处和法学院全面支持空间法模拟法庭竞赛，才使我们有了今天的进步和成绩，才使我们有机会将参赛的案例和诉状进行整理出版，为更多的中国学生参加空间法模拟法庭竞赛提供学习资料，使他们了解、学习空间法，从而为中国航天发展储备空间法专业人才。

目 录

第一章　第十七届国际空间法模拟法庭竞赛申请方中文诉状

I. ASTERIA 允许 CUSKO 在未经批准和持续监管的情况下进行空间活动的行为违反了国际法

A. 国际空间法的主要法源对 ASTERIA 具有约束力

A（1）所有国家都应遵守其国际义务

国家的基本权利包括独立权、平等权、自卫权和管辖权。独立权和管辖权在外空领域体现为国家有权自主决定是否开展空间活动并进行管辖。遵守国际法、不侵犯其他国家的合法权益，是一国需要承担的重要国际义务①；就外空活动而言，这意味着国家应遵守外空领域一系列国际法渊源，并对外空活动进行许可和监管。因此，ASTERIA 享有开展外空活动权利的同时，也需要遵守和履行相应的外空国际法律义务，如对空间活动进行许可、监管和登记。

“国际法渊源”一词在国际条约中有明确规定：1945 年《联合国宪章》的序言指出，“尊重条约和其他国际法渊源产生的义务”；1969 年《维也纳公约》明确要求缔约国承认“条约是国际法渊源之一”；1945 年《国际法院规约》第 38 条作为国际法渊源的权威声明，重申了国际法的三个渊源——条约、国际习惯和法律的一般原则。外层空间的国际法渊源对于指导各国开展外空活动具有重要意义。在本案中，ASTERIA 作为《联合国宪章》的缔约国，应遵守国际法渊源，履行国家基本义务。

---

① Wang Tieya, Introduction to International Law, Peking University Press, 1998.

A（2）联合国外空法是外空领域的国际法渊源

过去几十年间，国际空间法经历了漫长且坎坷的发展历程。自苏联发射第一颗人造卫星以来，联合国及其有关部门一直致力于解决外层空间的各种问题，并为此制定了五部外层空间法，通过了五项外空合作宣言。它们从制度层面构建了人类空间法的基本框架和纲要，为人类空间活动制定了宏观意义上具有约束力的法律规范。① 在多年的外空探索中，这五部外空法律和五项外空合作宣言已经成为国际空间法的主要法律渊源。

为了使所有国家都能够合法地开展空间活动，必须有一个基本的法律框架，在过去的几十年里，空间法发展出了五个国际条约；联合国大会通过的决议和权威学者就这一主题的学术成果，反过来又成为外空领域的国际法渊源。② 作为《联合国宪章》和《责任公约》的缔约国，ASTERIA 虽没有通过国内程序正式批准和加入《外空条约》，但《外空条约》中规定的和平探索和利用外空、自由探索、国际合作等原则和相关条款，已得到绝大多数国家的认可和遵守。除非一个国家以其持续的行为表示自己不接受某些外空法所确立的原则，否则即使是非缔约国也在很大程度上受到基于《外空条约》所形成的国际习惯法的约束。③

外层空间法体系包括以 1967 年《外空条约》和其他国际条约为代表的硬法体系，以及以 1963 年外空合作宣言为代表的政府间组织通过的决议形成的软法体系。这些外空领域的国际条约和决议是联合国所有成员国开展空间活动的基本指导文件。一系列的联合国外层空间条约确保了为和平目的对外空的探索和使用，并有助于维护外层空间环境的安全、保障和可持续性④，这进一步解释了联合国外层空间条约作为国际法主要渊源的普遍性。

以《外空条约》为代表的一系列联合国外层空间条约，已经形成了各

---

① Song Jinyu, On the Construction of China’s Space Legislation System under the Trend of Space Commercialization. D922. 296.

② Biswanath Gupta Raju KD, Understanding International Space Law and the Liability Mechanism for Commercial Outer Space Activities—Unravelling the Source, 2019 Indian Council of World Affairs (ICWA).

③ Gao Guozhu, The State Responsibility of Outer Space Activities, Global Law Review, 2008 (04), p. 22.

④ Simonetta Di Pippo and Yukiko Okumura, Reflections on the 50th Anniversary of the Outer Space Treaty, UNISPACE + 50, and Prospects for the Future of Global Space Governance, Space Policy Volume 47, February 2019, p. 28 – 33.

国开展外空活动的国际法渊源，可用于规范和评价各国的空间活动。根据各国的实践和学者的观点，以《外空条约》为核心的一系列联合国空间法已经在空间活动领域具备了国际习惯法的效力和地位，而 ASTERIA 也签署了《外空条约》。显然，不存在其一贯的行为表明其不接受《外空条约》的管辖的情况，联合国空间法中的其他国际外层空间条约也可出于同样的理由而适用。因此，以《外空条约》为核心的一系列国际空间法渊源，可以适用于规范和评估 ASTERIA 的外空活动。

B. ASTERIA 应对 CUSKO 发射 CUSKO – E – TM 卫星的行为负责

《外空条约》第 6 条[①]和第 8 条[②]规定，非政府机构在外层空间的活动，应经对其有管辖权的国家批准。从国际空间法来看，即使非政府实体因民间资本的进入而开展空间活动，国际法层面能够进行空间活动的主体仍是国家；国家对内行使持续的监管管理权，对外直接承担国际责任。[③] 有学者认为，联合国的一系列空间条约有了新的发展，所以它从只对条约缔约方有约束力的规定变成了对所有国家有约束力的一般国际法。[④]

《外空条约》第 6 条规定，非政府实体在外层空间的活动应得到有关国家的批准和持续监管。因此，私营企业（一）必须得到有关国家的批准和持续监管，（二）有关国家应该对私营企业的所有活动承担国际责任。[⑤] ASTERIA 当局邀请 CUSKO 在其境内注册，宣布对 CUSKO 免税，并为其提供土地建设公司的办公场所。2015 年 12 月，CUSKO 正式在 ASTERIA 落户和注册，并将其总部迁至该国首都海登。CUSKO 的卫星发射地点在 ASTERIA 的专属经济区内。虽然从严格意义上讲，专属经济区不属于一国领土，但 ASTERIA 对其专属经济区仍有一定的管理权和控制权，包括对在其专属经济区内发射卫星的许可和管理。否则，CUSKO 在 PROCLIVIA 当局拒绝批准其卫星发射后，就不需要向 ASTERIA 求助，因为 CUSKO 直接在 PROCLIV-

---

① Outer Space Treaty, Arlicle. VI.

② Outer Space Treaty, Arlicle VIII.

③ Li Shouping, Commercial Use of Outer Space and China' s Countermeasures, Journal of Beijing University of Technology (SOCIAL SCIENCE EDITION), No. 1, 2013. p. 99 – 106.

④ Cheng Ben, Studies in International Space Law, Clarendon Press, Oxford, 1997, p. 641.

⑤ He Qizhi, Outer Space Law, Law Press, 1992, p. 251.

IA 的专属经济区内发射会更方便。

根据《责任公约》第 1 条（c）款[①]对“发射国”的定义，“发射国”一词是指（一）发射或安排发射空间物体的国家；（二）从其领土或设施发射空间物体的国家。在非政府实体进行的空间活动中，有关国家应被视为“发射国”，也就是国际责任的主体。[②] ASTERIA 在帮助 CUSKO 进行外空活动过程中的一系列行为显然符合发射国的定义，因此 ASTERIA 应该对 CUSKO 进行的外空活动负责。外空法学者郑斌教授指出，“任何外空活动，无论是政府还是非政府，都被视为政府活动”。[③] 作为外空领域的责任主体，ASTERIA 有义务对 CUSKO 开展的太空活动进行许可和监管。

此外，虽然 CUSKO 保留了其在 PROCLIVIA 的卫星制造厂和任务支持中心，其卫星发射平台由建在 PROCLIVIA 的石油钻井平台改造而成，但这并不意味着 CUSKO 的卫星发射行为与 PROCLIVIA 有任何实质性的联系。从 PROCLIVIA 拒绝授权发射卫星和发射过程中的实际参与者来看，PROCLIVIA 并没有为 CUSKO 提供任何实质性的帮助。所以，PROCLIVIA 不是 CUSKO 外空活动的发射国，不应该对此负责。

C. ASRERIA 没有履行发射国的批准、许可和持续监管义务，违反了国际法

C（1）ASTERIA 缺乏相应的审批程序和许可机制来管理空间活动

《外空条约》第 6 条明确规定，国家应对其在外层空间的活动承担国际责任，无论这种活动是由政府机构还是由非政府机构进行的。既然私人外空活动的责任由国家承担，那么私人参与外空活动就应该得到国家的允许，遵守国家的相关规定。[④] 因此，ASTERIA 应该对 CUSKO 开展的外太空活动采取必要的审核措施，并对其后续的卫星运行情况进行全面监管。

外层空间活动许可证制度是国家对空间活动管理的重点，是国家机构审

① Convention on International Liability for Damage Caused by Space Objects, Arlicle I (3).

② Yin Yuhai, Research on International Legal Liability of Aerospace Development, Beijing: Law Press, 2004, p. 85.

③ Zheng Bin, Subject of Liability for Damages in Space Activities, Journal of International Law, 1968, (95): 548.

④ Zhou Liying, Legal Issues on Commercialization of Outer Space Activities. D999. 1.

查和决定是否批准非国家实体和相关机构开展空间活动的制度。由于国内没有明确的外空活动立法，ASTERIA 没有完全履行对 CUSKO 发射行为的审批和许可义务。

在世界主要国家的空间法中，以及其他国家的空间活动管理制度中，基本上都有许可证制度。[①] 空间法具有很强的前瞻性，具有法律约束力的国际公约大都产生于几十年前，这就需要国内空间立法来指导和管理新兴的空间活动。因此，许多国家都制定了自己的国内空间法，并不断完善。[②] 就空间商业发射和空间商业运输的国内立法而言，美国和俄罗斯的立法相对完善。1984 年，美国通过了空间商业发射法案，为美国的私人实体进入空间商业发射领域提供了法律依据。

俄罗斯有各种管理空间活动的法律和法规。根据俄罗斯联邦的立法，未经许可的空间活动是非法的，故意不遵守许可要求的空间活动也是非法的。在制定外空活动管理法律法规的同时，各国都重申愿意在国内法中履行国际义务，这是在国家立法中执行国际空间法的生动体现。[③]

各国开展外空活动的实践表明，目前国家对其管辖或控制下的私人空间活动负责的制度是合理的[④]，有必要为非政府机构和私人主体的空间活动建立有效的管理机制和许可机制。

《外空条约》第 6 条和《外空合作宣言》第 5 条规定，每个国家都应对自己的空间活动承担国际责任。作为一个高度工业化的国家，尽管 PROCLIVIA 已经开展了许多空间活动并颁布了自己的空间法，但它仍然拒绝向 CUSKO 授权，因为它无法对 CUSKO 的空间活动——CUSKO - E - TM 卫星的新的自动化操作和新的推进剂进行定性和定量，从而实施有效监管。

---

① National Defense Science and Technology Industry Commission, Comparative Study on Space Law of Major Countries in the World, National Defense Science and Technology Industry Soft Science Project Report, 2003, p. 78.

② Wang Jing, Analysis on the Commercialization of Space Activities and its Legal System, 2001 (1), D999. 1.

③ Li Jingzhu, Zhao Haifeng, A Comparison of Licensing Systems for Space Activities. Journal of Beijing University of Technology, Vol. 14, No. 4, Aug. 2012.

④ Sergio Marchisio, International Legal Regime on Outer Space: Liability Convention and Registration Convention, in Proceedings of the United Nations / Nigeria Workshop on Space Law on Meeting International Responsibilities and Addressing Domestic Needs, Abuja, Nigeria, 2005, p. 20.

ASTERIA 从未进行过国内的太空活动，它不了解 CUSKO 的新推进剂和 SARASTRO 自主导航软件的安全性和可行性。在这种情况下，它也没有参考其他有外太空活动经验的国家，对 CUSKO 进行一定的审查和监管。只是因为 CUSKO－E－TM 卫星所涉及的“绿色太空革命”的利益及其可能带来的好处，ASTERIA 对 CUSKO 的发射行为给予了充分的实际帮助，没有履行相应的国际空间活动的批准和许可义务，该行为违反了国际法。

C（2）ASTERIA 没有就 CUSKO 的空间活动进行登记，也没有披露充足的信息

非政府实体在外层空间开展的商业活动被认为是该实体所属国家的活动。同样，非政府实体的空间活动义务也应通过其国家履行，如卫星登记、损害赔偿等。[①]1975 年《登记公约》的制定是为了登记发射到外层空间的空间物体，并向联合国外层空间事务处（OOSA）提供信息，要求发射国向联合国提供有关在轨空间物体的信息。[②]《联合国宪章》第 12 条[③]和《登记公约》第 2 条[④]规定了发射国的登记制度及其向联合国秘书长报告的义务。

此外，《外空条约》第 11 条[⑤]规定了开展外层空间活动的普遍义务，即各国应尽最大努力向联合国和公众通报有关其空间活动的具体信息，特别是与其他缔约国有关的信息。这项义务是对《外空间约》第 8 条[⑥]规定的登记义务的补充。尽管一个国家没有登记其空间物体，但它仍有义务在国际上通报其空间活动的性质、方法、地点和结果。[⑦]

因私人主体不断开展空间活动，发射国有必要对国内物体的发射进行登记，以便保留自己对私营企业发射的空间物体的管辖权和控制权。然而，

---

① Song Jinyu, On the Construction of China' s Space Legislation System under the Trend of Space Commercialization. D922. 296

② Biswanath Gupta Raju KD, Understanding International Space Law and the Liability Mechanism for Commercial Outer Space Activities—Unravelling the Sources, 2019 Indian Council of World Affairs (ICWA) Reprints and permissions: in. sagepub. com/journals－permissions－india.

③ The United Nations Charter, Chapter XVI, Arlicle CII.

④ Convention on Registration of Objects Launched into Outer Space, Arlicle II.

⑤ The Outer Space Treaty, Arlicle XI.

⑥ The Outer Space Treaty, Arlicle VIII.

⑦ Long Jie, Legislative Aspects of the Registration System for Outer Space Objects, Local Legislation Journal, 2019 (03) . p. 97.

ASTERIA 没有履行这方面的国际义务。

作为发射国和《联合国宪章》成员国，ASTERIA 没有在联合国秘书长办公室登记和披露 CUSKO 的外空活动信息，这不符合登记条约的有关规定和条约的宗旨，违反了国际法。同时，ASTERIA 需要对因未审查和登记而可能造成的空间损害和其他损失承担国际责任。

C（3）ASTERIA 没有履行其对 CUSKO－E－TM 卫星空间活动的持续监管和管理义务

非政府机构在外层空间的活动要经过国家批准和定期监管。非政府机构开展空间活动的合法性的前提是，国家应对这些活动承担国家责任。国家对外空活动的责任源于其对本国实体的管辖和控制，控制权的取得体现在对这些活动的许可和监管上。① 因此，为了使 CUSKO 能够合法地开展空间活动，ASTERIA 必须为其采取适当的许可和监管措施。

作为国际空间法的准则，《外空合作宣言》明确要求私营实体的空间活动应得到其政府的批准，随后《外空条约》也正式确立了这一规则。私人主体的外空活动被认为是对其有管辖权的国家的行为，由此产生的法律后果应由国家承担。因此，许多国家都出台了对私人主体外空活动进行监管和管理的法律法规，如美国 1962 年的通信卫星法。

根据《外空条约》第 6 条和《外空合作宣言》第 5 条，无论是“批准”还是“持续监管”，其目的都是为了督促国家履行监管义务，确保空间活动的安全以及空间活动造成的损失能够得到及时有效的赔偿。② 根据《发现日报》的报道，CUSKO 的几颗卫星在部署后的几周内就消失了，而且有不止一次的非计划性近距离重合事件。这说明 ASTERIA 公司对 CUSKO 在外太空活动中的核心技术和自主运行模式没有充分了解和持续监管，从而导致潜在风险的存在。这与《外空条约》第 6 条和《外空合作宣言》第 5 条所强调的责任感和监管目的相违背。

目前，根据联合国外空法，世界上许多国家都通过国内法律建立了相关的空间活动监管制度，如美国的商业空间法。在火箭和卫星的空间活动监管

---

① Li Jinzhu, Zhao Haifeng, A Comparison of Licensing Systems for Space Activities, Journal of Beijing University of Technology, Vol. 14 No. 4 Aug. 2012.

② Wang Guoyu, Yuan Jie, The Main Limitations and Effects of Outer Space Treaties on Space Activities, Space Debris Research, 2017 (01), p. 46－54.

方面，目前的监管方式包括（年度、半年度或季度）报告、重要事项通知、设施/设备现场检查、许可证修改、取消和撤销等。① 由于缺乏相关的国内空间法律，ASTERIA 对 CUSKO 没有任何具体的监管和报告措施，这使得 CUSKO 的外太空活动处于没有保障和没有明确监管的状态。因此，ASTERIA 没有履行持续监管和管理的义务，违反了国际法，ASTERIA 应该对 CUSKO 的外空活动可能造成的损失承担国际责任。

II. 根据国际法，ASTERIA 对 D. A. M. E. –7T 卫星的损毁负有责任，PROCLIVIA 对 CUSKO 卫星的损毁不承担责任

A. 根据国际法 ASTERIA 应对 D. A. M. E. –7T 卫星的损失负责

A（1）ASTERIA 应根据国际法的一般理论，对 D. A. M. E. –7T 卫星的损毁负责

根据国际法的一般原则，国家责任是指国际法主体的国际不法行为、国际非禁止行为和国际犯罪所产生的后果。②

A（1）（a）国家应对其国际不法行为承担责任

一国不履行国际义务构成国际不法行为，引起该国的国际责任并导致一定的法律后果。③ 一国应对其国际不法行为承担国际责任④，这是国际社会普遍承认的一项原则。

A（1）（a）（i）ASTERIA 违反了《外空条约》规定的授权和监管义务

《外空间约》第 6 条⑤规定了国家和国际组织进行外空活动的国际责

① Xu Aimin, Zhang Guoting, Preliminary Discussion on the Establishment of China' s Commercial Space Supervision System, Erospace China, 2019（08）, p. 43 –45.

② Rene Provost, State Responsibility in International Law, Libraries of Essays in International Law, 188（2002）.

③ Jennings, Watts Revised: Oppenheim International Law, Volume 1, Wang Tieya translation, China Encyclopedia, 401（1995）.

④ Shao Jin, International Law. 351（2000）.

⑤ Outer Space Treaty, Article VI.

任①，即发射国有义务授权并对其卫星实施持续监管。在实践中，一些国家已经制定了立法来规范和监管私营企业的空间活动，如建立一个许可机构。② 英国和俄罗斯规定了对航空设施的检查③和调查④措施，要求批准者定期提供信息。⑤ 一些国家还制定了撤销、暂停或改变审批要求等措施。⑥

如上所述，虽然 ASTERIA 没有正式批准和加入《外空条约》，但它仍然可以对 ASTERIA 产生约束力，ASTERIA 必须履行规定的责任。在本案中，ASTERIA 在发射前没有对该卫星群的运行风险、安全计划和环境影响进行系统和全面的评估，使得存在的风险不明；发射后，ASTERIA 仍然没有国内空间法来规范空间活动，也没有要求 CUSKO 报告该卫星群的实际运行情况。直到《发现》杂志发现了 CUSKO 的几个异常情况，ASTERIA 才意识到安全风险。即便如此，它也没有报告更深层次的技术问题，也没有作出任何实质性的努力来获取与该星座有关的具体操作信息。⑦ 鉴于上述事实，ASTERIA 违反了《外层空间条约》规定的义务，应当为其不法行为承担国际责任。

A（1）（a）（ii）ASTERIA 拒绝提供相关信息的行为违反了国际合作的原则

国际合作原则是国际法的一项基本原则，体现了《联合国宪章》的宗旨和原则⑧，是国际强制性法律的一部分，所有国家都必须遵守。在航空领域，只有在国际合作中才能充分实现空间应用的潜力。⑨ 外层空间活动的高

---

① Cologne Review of Space Law, Volume I: Outer Space Treaty. p. 178.

② United States Communications Satellite Act, British Outer Space Act.

③ Section 5 para. 2 lit (c) United Kingdom Outer Space Act; and Arlicle 25 Russian Law about Space Activity.

④ Section 3 Swedish Act on Space Activities.

⑤ Gerhard, Michael, Nationale Weltraumgesetzgebung, Carl Heymanns, cologne, 2002; Section 10 Dunch Space Activities Act.

⑥ Section 4 Swedish Act on Space Activities; Section 6 para. 2 United Kingdom Outer Space Act.

⑦ Compromis, para. 4, 9.

⑧ UN Charter, Article I.

⑨ Marietta Benko and Kai - Uwe Schrogl, Current Problems and Perspectives for Future Regulation. Eleven International Publishing, 2005, p. 68.

投入、高风险等特点也使合作成为一种必然。① 《外层空间条约》第 3 条和第 6 条明确规定，空间活动应遵循合作与互助的原则，并适当考虑其他国家的相应利益。②

这里的国际合作原则需要体现在一些更具体的规则中。③ 《外空条约》第 11 条更进一步要求发射国“在可行和实际的最大范围内，向联合国秘书长以及公众和国际科学界通报这些活动的性质、行为、地点和结果”。④ 信息交流被认为是实现国际和平和顺利合作的关键因素，其与提高外层空间透明度和可靠性的迫切需要相契合。⑤ 《登记公约》第 4 条⑥和《关于在外层空间使用核动力源的原则》第 4 条⑦更明确地规定了这项一般义务。在本案中，ASTERIA 没有向联合国秘书长通报任何有关其空间活动的信息，因此 ASTERIA 没有履行相关义务。

此外，ASTERIA 和 PROCLIVIA 曾经签署了关于两国关系和科学合作的 Orokanga 协议⑧，旨在满足不同的目的和利益，构建彼此间一般关系或就特

---

① Zhao Yun, Application of the Principles of International Cooperation in Outer Space Activities: Form and Entity Requirements, The International Space, vol. 1 (2015).

② Outer Space Treaty, Article Ⅲ, Ⅵ.

③ Cologne Review of Space Law, Volume I: Outer Space Treaty, p. 296.

④ Outer Space Treaty, Article XI.

⑤ Cologne Review of Space Law, Volume I: Outer Space Treaty, p. 345.

⑥ Convention on Registration of Objects Launched into Outer Space, Article IV: 1. Each State of registry shall furnish to the Secretary - General of the United Nations, as soon as practicable, the following information concerning each space object carried on its registry: (a) name of launching State or States; (b) an appropriate designator of the space object or its registration number; (c) date and territory or location of launch; (d) basic orbital parameters, including: (i) nodal period; (ii) inclination; (iii) apogee; (iv) perigee; (e) general function of the space object.

⑦ Principles Relevant to the Use of Nuclear Power Sources in Outer Space, U. N. Doc. A/RES/47/68 (Dec. 14 1992), Article IV: Pursuant to Article XI of the Treaty on Principles Governing the Activities of States in the Exploration and Use of Outer Space, including the Moon and Other Celestial Bodies, the results of this safety assessment, together with, to the extent feasible, an indication of the approximate intended time - frame of the launch, shall be made publicly available prior to each launch, and the Secretary - General of the United Nations shall be informed on how States may obtain such results of the safety assessment as soon as possible prior to each launch.

⑧ Compromis, para. 3.

定事项进行交流的机制。[①] 因此，它是一个契约性条约，而不是对两国有约束力的法律制定条约。两国应尽可能地在科学领域开展友好合作。PROCLIVIA 在 D. A. M. E. –7T 卫星发射前几个月就已经广而告之，ASTERIA 应该知道这一点；而在卫星技术参数被调整后，ASTERIA 没有提供关于最终配置和 SARASTRO 软件编程参数的信息[②]，这是对国际合作精神的背离。

A（1）（b）国家应对未受禁止的国际行为所造成的损害负责

对国际上不加禁止的行为所造成的损害的赔偿责任并不取决于该行为的不法性，而是取决于客观损害，它将有效保护受害者放在第一顺位。[③] 也就是说，只要造成了一些跨界损害，特别是涉及和平利用核材料、航空航天活动和远洋石油运输，无论该行为是合法还是非法，相关国家都应承担赔偿责任。[④]

对 ASTERIA 来说，发射空间物体和探索外层空间行为本身并不违反国际法，甚至是其经济和社会发展的助推器。但是，既然造成了损害，给其他国家带来了严重的损失，就应该承担国际责任，ASTERIA 应对 D. A. M. E. –7T 卫星的损毁进行赔偿。

A（2）ASTERIA 应根据《责任公约》对 D. A. M. E. –7T 卫星的损毁负责

A（2）（a）本案的损害赔偿适用《责任公约》规定的过错责任原则

根据损害发生的地点，《责任公约》第 2 条[⑤]和第 3 条[⑥]规定了发射国对空间物体造成的损害的两种责任——绝对责任和过错责任。在本案中，碰

---

① Zhou Gengsheng, International Law, p. 109.

② Compromis, para. 13.

③ Marietta Benko and Kai – Uwe Schrogl, Current Problems and Perspectives for Future Regulation. Eleven International Publishing, 2005, p. 93.

④ Lin Canling, State Liability for Injurious Consequences Due to Acts Not Prohibited By International Law.

⑤ Liability Convention, Article II: A launching State shall be absolutely liable to pay compensation for damage caused by its space object on the surface of the earth or to aircraft in flight.

⑥ Liability Convention, Article III: In the event of damage being caused elsewhere than on the surface of the earth to a space object of one launching State or to persons or property on board such a space object by a space object of another launching State, the latter shall be liable only if the damage is due to its fault or the fault of persons for whom it is responsible.

撞发生在外太空①，因此责任的确定应以过错责任原则为基础。一个行为只要违反了国际义务，就可以被认为有过错。② 在实践中，过错责任原则得到了充分的支持。加拿大要求苏联赔偿空间碎片损失的案件适用了这一原则。③ 国际法院在 1949 年英国诉阿尔巴尼亚的科孚海峡案中肯定了“无过错，无责任”的原则。④

第一，碰撞造成的损害是客观存在的。

第二，ASTERIA 的外空活动中存在非法行为。如上所述，该国没有履行《外层空间条约》规定的批准和持续监测其卫星的义务；它违反了国际合作原则，没有提供 CUSKO 卫星的相关有用信息。

第三，ASTERIA 的过错与 D. A. M. E. －7T 卫星的损毁之间存在因果关系。ASTERIA 在匆忙中发射了 CUSKO 卫星，没有提前了解运行风险和环境影响，使得 CUSKO 卫星群的风险和缺陷不为人知。ASTERIA 没有监管 CUSKO 卫星的运行状况，导致其无法对卫星实施有效控制，大大增加了这一外空活动的不确定性。由于 ASTERIA 没有向 PROCLIVIA 提供关于 CUSKO 卫星群的最终配置和 SARASTRO 软件编程参数的信息，D. A. M. E. －7T 卫星在缺乏相关信息的情况下进行了紧急逃逸操作，最终造成了碰撞。

A（2）（b）D. A. M. E. －7T 卫星的损毁在《责任公约》规定的损害赔偿范围内

关于损害的范围，《责任公约》第 1 条将其定义为“生命损失、人身伤害或其他健康损害；或国家或自然人或法人的财产，或国际政府间组织的财产的损失或损害”。⑤ 上述“损害”仅限于直接造成的人身损害和财产损失，而不包括对空气空间造成的损害，如环境损害。⑥然而，核动力卫星“宇宙954”和 1992 年《关于在外层空间使用核动力源的原则》的案例表明，对空间物体造成的损害的赔偿应包括生态和环境损害。

在本案中，碰撞直接造成了严重的物质损失，这落入了《责任公约》

① Compromis, para. 15.

② He Qizhi, Outer Space Law, Legal Press, p. 78.

③ Hobe, Stephan, Legal Aspects of Space Tourism, 86 Neb. 1. Rev, Issue 2（2007）

④ Corfu Channel Case（U. K. V Albania）, 1947－1949.

⑤ Liability Convention, Article I.

⑥ Li Shouping, Zhao Yun, Monograph on Outer Space Law, GuangMing Daily Press, p. 75.

的损害范围内，且不属于第7条规定的例外情况。①

A（3）ASTERIA 应根据民法的一般原则对 D. A. M. E. －7T 卫星的损毁负责

在民法的一般理论中，过错在确定责任方面起着重要作用。现代社会中，对于工业生产和危险作业造成的损害，有时很难证明其过错或违法性，使得因果关系的判断相当混乱。如果无辜的受害者得不到有效的救济，受害者的正常生活将受到严重影响，法律的基本价值将受到侵犯。② 因此，严格责任制度的存在，使过错不再重要，使责任的认定更加容易，在一定程度上加强了对受害人的保护。③

在外空领域，事故发生后，有时很难确定一方的过错，而受害者的权利应该得到保障。严格责任因此得以适用。当有损害发生时，就会有赔偿。在本案中，ASTERIA 发射的卫星群对 PROCLIVIA 的国家财产及其实施科学考察的权利造成了严重侵害。ASTERIA 应该承担起向 PROCLIVIA 进行赔偿的责任。

B. 根据国际法，PROCLIVIA 对 CUSKO 卫星的损毁不承担责任

B（1）根据《外空条约》，PROCLIVIA 开展的空间活动是合法和正当的

根据《外空条约》第1条，所有国家都有探索和利用外层空间的平等权利。④ 作为本国围绕南极洲及周边地区的科学计划的核心部分，PROCLIVIA 登记并发射了由政府主导研发的 D. A. M. E. －7T 卫星⑤，这是对其外空探索和利用权利的合法行使。

《外空条约》第1条还要求各国在国际合作和不歧视的基础上利用外层空间，并顾及其他国家的利益。虽然是 PROCLIVIA 围绕南极洲的科学计划的一部分，但 D. A. M. E. －7T 卫星的发射和随后的运作可能促进全球空间

---

① Liability Convention, Article Ⅶ.

② Wang Liming, The Construction of China' s Tort Liability Legal System, China Legal Science, 2008（4）.

③ Wang Zejian, The Law of Tort. Volumn. 1, China University of Political Science and Law press, 2001, p. 34.

④ Outer Space Treaty, Article I.

⑤ Compromis, para. 10.

技术的发展和改革，从长远来看对人类有利。

B（2）PROCLIVIA 履行了其作为 D. A. M. E. –7T 卫星发射国的义务

B（2）（a）PROCLIVIA 履行了《登记条约》规定的登记和提供相关信息的义务

首先，PROCLIVIA 在 D. A. M. E. –7T 卫星发射前就进行了登记。

其次，PROCLIVIA 在发射前几个月就进行了宣传，说这一任务“在 IGY 之后七十年开启一个新发现时代”。① 这种宣告可以看作是信息传达的一种形式。因此，可以推断，联合国秘书长以及公众和国际科学界都被告知了有关其卫星的相关信息，包括发射日期、领土或地点、交点期、倾角等，这符合《登记条约》第 2 条和第 4 条规定的义务②。

B（2）（b）PROCLIVIA 履行了《外空条约》规定的授权义务

PROCLIVIA 是一个拥有国内空间法的高度工业化国家。根据 PROCLIVIA 的国内空间法，其应事先对非政府机构进行的空间活动的整体运行风险、安全计划和环境影响进行评估。③ 因此，可以推断出，D. A. M. E. –7T 卫星在正式发射前必然要经过严格的审查和评估过程，以确保其活动的安全。

B（2）（c）PROCLIVIA 对其空间活动的安全给予了应有的重视

为了降低碰撞风险，PROCLIVIA 将 CUSKO 失败的许可申请中的相关信息提供给 Endeavor – Waltzing Wizard 系统的开发者，包括三份原始技术评估报告。④ Waltzing Wizard 系统在输入 CUSKO 的卫星信息后，在正常操作下本不会发生碰撞。

B（3）CUSKO 卫星的损毁与 PROCLIVIA 的空间活动之间不存在因果关系

B（3）（a）ASTERIA 没有履行国际法规定的义务，最终造成了损害

ASTERIA 知道 PROCLIVIA 开展的空间活动，但没有提供关于 CUSKO 最终配置和 SARASTRO 软件编程参数的信息，导致两颗卫星在没有彼此数据的情况下发生碰撞。如果 ASTERIA 公司积极履行其信息共享义务，并着

① Compromis, para. 10.

② Registration Treaty, Article II: When a space object is launched into Earth orbit or beyond, the launching State shall register the space object by means of an entry in an appropriate registry which it shall maintain.

③ Compromis, para. 2.

④ Compromis, para. 12.

手与 PROCLIVIA 公司进行国际协商和合作，D. A. M. E. －7T 就可以不受干扰地通过预设轨道，这次碰撞也就可以避免了。

B（3）（b）CUSKO 卫星群的技术不成熟和系统缺陷也是造成损害的重要因素

作为一个航天产业发达、航天法律相对完善的国家，PROCLIVIA 曾经在 2025 年拒绝了 CUSKO 的发射申请，这在一定程度上说明 CUSKO－E－TM 卫星群的技术还不成熟，可能给外空活动带来不确定性危险。在太空活动带来的利益的诱惑下，ASTERIA 在知道 CUSKO 公司被拒绝后，仍然欢迎该公司迁往本国。

此外，《发现》杂志报道的事故也显示 CUSKO 技术上存在问题。因此，由此造成的风险和损失应由 ASTERIA 自己承担，PROCLIVIA 不应对对方的过错负责。

III. ASTERIA 应对阻碍 PROCLIVIA 行使《外空间约》和《南极条约》规定的科学考察自由权的行为负责

一国的国际责任源于其国际不法行为。如果该国的行为违反了国际法规定的义务，它就必须为此承担国际法律责任。这是国际法的一项基本原则，《国家对国际不法行为的责任条款草案》① 从一开始就明确了这一点。② 这是指一个国家违反了基本规则规定的义务，将因此承担次要规则规定的法律后果。③ ASTERIA 的行为构成了对《外空条约》《南极条约》和国际合作原则的违反，因此，ASTERIA 必须为其国际不法行为承担相应的国际责任。

① The International Law Commission' s Draft Articles on Responsibility of States for Internationally Wrongful Acts.

② He Qizhi, Law of State Responsibility and Brief Analysis of Relevant Cases, Law Press China, 2003, p. 57.

③ Id. at 15.

A. ASTERIA 未能根据《外空条约》第 6 条规定对非政府机构外空活动进行持续监管，因而负有国际责任

《外空条约》第 1 条规定了在外层空间和天体上进行科学考察的自由。① D. A. M. E. －7T 被用来进行南极科学考察。然而，ASTERIA 作为发射国，没有履行对 CUSKO － E － TM 的持续监管，导致 CUSKO － E － TM 和 D. A. M. E. －7T 之间发生碰撞，PROCLIVIA 进行的科学数据丢失。②因此，由于 D. A. E. M －7T 被 CUSKO－E－TM 非法撞击，根据条约 ASTERIA 应对阻碍 PROCLIVIA 行使科学考察自由权负责。

A（1）ASTERIA 受《外空条约》的约束

A（1）（a）作为《联合国宪章》的缔约国，ASTERIA 必须尊重现有的国际法律秩序

《外空条约》序言的第九段以非常笼统的方式呼吁所有缔约方相信该条约将促进《联合国宪章》的宗旨和原则的实现，从而明确指出整个条约以《联合国宪章》的宗旨和原则为指导。而 ASTERIA 是《联合国宪章》的缔约国，并签署了《外空条约》③，由此可知 ASTERIA 愿意接受条约的约束。

A（1）（b）《外空条约》中的一些规则已经成为国际习惯，ASTERIA 应该遵守这些规则

联合国外层空间委员会在 1961 年的第一次磋商促使联合国大会在 1961 年 12 月 20 日一致通过了第 1721（XVI）号决议。④ 这一重要决议确立了一些基本原则，构成了当代国际空间法发展的基础。这些原则包括对外层空间活动的国际法管理以及探索和利用外层空间和天体的自由。此外，一些联合国大会（UNGA）决议，如关于卫星直接广播的决议、关于用卫星遥感地球的决议、关于使用核动力源的决议等也可以适用。这些联大决议不具有法律约束力，但反映了各国的法律意见，因此具有法律意义。因此，外层空间立法主要由五大基本公约组成。外空法领域的国际习惯数量不多，但有一些规则以联大决议的形式表达了法律意见，因此可以发展为国际习惯。国际习惯

① Outer Space Treaty, Article Ⅰ para. 3.

② Compromis, para. 4, 10, 16.

③ Compromis, para. 19.

④ UNGA Res. 1721（XVI）, International Cooperation in the Peaceful Uses of Outer Space, 20 December 1961.

法只需要一个单一的构成要素，即国家的法律确信。[①] ASTERIA 作为《联合国宪章》的缔约国和联合国大会的成员，参与了许多联合国大会的投票，且其签署了《外空条约》[②]，所有这些都表明 ASTERIA 接受相关国际习惯的约束。因此，ASTERIA 受到《外空条约》的约束。

A（2）ASTERIA 没有履行对 CUSKO－E－TM 的持续监管义务，这构成了国际不法行为

根据国际法委员会《国家对国际不法行为的责任条款草案》第 2 条，一国的国际不法行为有两个要素：（一）该行为可归于该国；（二）该行为构成对该国国际义务的违反。就第一个要素而言，ASTERIA 作为发射国，是国际责任的主体。[③]

就第二个要素而言，就国内法而言，CUSKO 对其发射的卫星负有监管义务。同时，从国际法的角度来看，ASTERIA 作为卫星的发射国，也有持续监管的义务。

《外空条约》第 6 条第 2 款[④]要求缔约国对非政府机构实施的外空活动进行持续监管。它还指出，不仅在活动开始之前，而且在活动的整个期间，都要遵守持续监管。为了确保持续监管，各国必须提供足够的手段来接收信息（活动是否继续符合条约规定，是否继续安全等），以及其他干预或威慑、惩罚手段（在不符合规定或不安全的情况下等）。[⑤] ASTERIA 政府没有对 CUSKO 卫星中使用的 SARASTRO 系统进行彻底的安全调查和评估，ASTERIA 也没有监督卫星群活动的持续安全。同时，在卫星失踪的情况下，ASTERIA 不仅没有采取干预、制止、惩罚等措施，反而继续让 CUSKO 运行。[⑥] 因此，ASTERIA 构成了对其“持续监管”义务的违反。

---

① Cheng Bin, United Nations Resolutions on Outer Space: instant International Customary Law? 1997, Oxford Scholarship Online.

② Compromis, para. 19.

③ He Qizhi, Law of State Responsibility and Brief Analysis of Relevant Cases, Law Press China, 2003, p. 69.

④ Outer Space Treaty, Article Ⅶ, sentence 2.

⑤ Hobe, Schmidt－Tedd, Schrogl, Cologne Commentary on Space Law Vol. Ⅰ, 2017 BWV · BERLINER WISSENSCHAFTS－VERLAG GmbH, p. 201.

⑥ Compromis, para. 9.

A（3）根据《国家对国际不法行为的责任条款草案》，ASTERIA 对阻碍 PROCLIVIA 行使的科学考察自由负有国际责任

《国家对国际不法行为的责任条款草案》第 1 条没有将“损害”作为国际责任的单独要求。同时，第 1 条的措辞并不排除不法行为包含对对方的“损害”这一意义。① 因此，无论 PROCLIVIA 行使科学考察的自由是否受到损害，都不妨碍 ASTERIA 承担国际责任。在摩洛哥磷酸盐案②中，法院在判决中强调，当一国对另一国实施国际不法行为时，两国之间“国际责任立即确立”。这就是说，ASTERIA 违反其持续监督义务，导致 PROCLIVIA 的科学考察终止，这已经确立了国际责任。

根据国际法，国家有义务采取“应有的注意”来防止本国的私人和非法行为损害外国或外国人的合法权益，如果国家机构疏于职责，不履行防止个别侵权行为的职责，造成损害结果，国家应承担违反“应有的注意”义务的国际责任。③ 在 Alabama Claims Arbitration（1872）一案中，仲裁庭最终以 4 比 1 的投票结果裁定，英国没有履行“应有的注意”的中立义务，赔偿美国 1500 万美元。④ 同样，由于 ASTERIA 的疏忽，它没有采取有效措施来监督 CUSKO－E－TM 的运作。而 CUSKO－E－TM 被允许在 ASTERIA 的专属经济区内发射。然而，ASTERIA 并没有采取相关的司法程序。⑤ 在阿拉巴马仲裁案中，法院认为，英国政府不能以缺乏适当的法律方法为由为其行为辩护。同样，虽然 ASTERIA 没有制定国内空间法⑥，但也不能以缺乏相关国家法律规定为由不对 CUSKO－E－TM 的发射进行审查。外层空间的活动是非常危险的，ASTERIA 不对其进行监管，是对整个国际社会不负责任的表现。⑦

---

① The International Law Commission’s Draft Articles on Responsibility of States for Internationally Wrongful Acts.

② PCIJ, Phosphates in Morocco case, 1938, Compilation A/B, No. 74; Citations can be found at p. 25－26, p. 28.

③ Li ShouPing, Responsibility of Modern International law, Wuhan University Press, 2003, p. 74.

④ Alabama Claims Arbitration 1872, in John Bassett Moore (ed.), History and Digest of the International Arbitrations to which the United States has been a Party, 1898

⑤ Compromis, para. 4, 9, 14.

⑥ Compromis, para. 4.

⑦ Compromis, para. 16.

由于 CUSKO - E - TM 卫星采用了两项以前从未在太空飞行中使用的革命性技术。因此，它的整体运行风险、安全计划和环境影响报告应该得到严格的审查。然而，ASTERIA 没有对其进行实质性的审查，而是积极推动有关发射计划。① 因此，ASTERIA 应对自己违反“应有的注意”义务的行为承担国际责任。

B. ASTERIA 对 PROCLIVIA 根据《南极条约》在南极洲几十年来不间断的科学考察的终止负有国际责任

B（1）PROCLIVIA 在南极洲进行科学考察符合国际法和《南极条约》规定

根据《南极条约》第 2 条的规定，所有国家都有在南极洲进行科学考察的自由。②《南极条约》第 2 条保留了“科学调查的自由”。它规定，条约的签署国可以在南极的任何地方进行任何形式的科学研究，而不需要得到其他人的许可。③ PROCLIVIA 在南极洲建立了一个科学研究站，并发射了 D. A. M. E. -7T 卫星，用于监测南极科学考察数据。这些行为完全符合《南极条约》第 2 条的规定，PROCLIVIA 公司合法地行使科学调查自由的权利。

B（2）ASTERIA 侵犯了 PROCLIVIA 的国家主权，因为行使科学调查自由的权利本质上属于国家主权

根据《南极条约》第 2 条、第 4 条的规定④，虽然在南极洲的任何地方都有进行科学研究的自由，但任何国家都不能以其研究工作为由对领土提出要求。在条约生效期间，缔约国进行研究，并通过建立基地和基础设施（如简易机场）来支持自己的工作，不能以这些行动作为索赔的依据。PROCLIVI 要求 ASTERIA 对 PROCLIVIA 行使科学调查自由所造成的损害承担国际责任，其基础是科学考察自由权，而不是对南极洲的领土主权。因此，PROCLIVIA 的请求并不违反《南极条约》第 4 条。同时，《南极条约》第 2

---

① Compromis, para. 1, 2, 4.

② Antarctic Treaty, Article II.

③ Provided by The Conversation APA citation: What any Country Can and Can' t do in Antarctica, in the Name of Science (2018, October 31) retrieved 28 October 2020, by Julia Jabour.

④ Antarctic Treaty, Article Ⅱ, Ⅳ.

条规定，国家有行使科学考察自由的权利①，这实质上是一种国家主权，国家有在南极洲进行科学研究的权利的自由，至于如何行使则由国家意志决定。ASTERIA 阻挠 PROCLIVIA 行使科学考察自由，实质上构成了对 PROCLIVIA 主权的侵犯，它应对此承担国际责任。

C. ASTERIA 违反了国际合作原则

显然，根据国际法委员会 2001 年通过的《关于国家对国际不法行为的责任的条款草案》第 42 条②，受害国有权因为其权利和利益直接受到违反公约或习惯法行为的影响而主张国家责任。③ 因此，ASTERIA 对违反国际合作原则负有国际责任。

C（1）合作原则是国际空间法的一般原则之一

合作原则在联合国大会上得到了进一步发展。④ 作为国际法的一项基本原则，合作原则应该得到所有国家的遵守。

C（2）ASTERIA 违反了国际合作原则，直接妨害了 PROCLIVIA 的科学考察

根据迄今为止在原子能领域建立的主要国际合作形式，以及纳入其中的主要保障措施，一般认为，在原子能的军事与和平利用方面的国际合作与管制经验，可以为管制未来对外层空间的探索和利用提供宝贵的经验，因为外层空间的双重用途问题可能同样复杂。⑤ 在原子能领域，国际合作原则的形式包括交流有关核防御和核武器的机密信息，但炸弹本身除外。⑥同样，这种方法也可以在外层空间领域使用。也就是说，当 ASTERIA 发现 CUSKO－E－TM 存在安全风险时，应将这种风险及时通知 PROCLIVIA。

---

① Antarctic Treaty, Article Ⅱ.

② UNGA Res. 56/83, Responsibility of States for Internationally Wrongful Acts, Annex, 28 January 2002.

③ Cf. Crawford, James, The International Law Commission' s Articles on State Responsibility: Introduction, Text and Commentaries, Cambridge University Press, Cambridge, 2002, p. 254, p. 276.

④ See generally Hobe, Stephan/Schmidt－Tedd, Bernhard/Schrogl, Kai－Uwe（eds）, Cologne Commentary on Space Law, Volume Ⅲ, Carl Heymanns, Cologne, 2015.

⑤ Cheng Bin, Studies in International Space Law: International Cooperation and Control: from Atoms to Space. 1997, Oxford Scholarship Online.

⑥ UKTS No. 72（1959）, Cmnd. 859.

《外空条约》第9条第一句涉及合作原则，以互助和适当考虑其他国家的相应利益为条件。外层空间的探索和利用应恪尽职守。各国有义务确保在外层空间行使其权利和自由时，不干扰或损害空间作业的安全。为此，各国应避免采取任何旨在妨碍其他国家空间活动的措施。从这个角度来看，利用外层空间的自由意味着一个国家有权开展不妨碍其他国家的外空活动。①

一般来说，在环境保护和高度危险活动领域，“国家承诺采取‘适当措施’或‘作出适当努力’以控制或减少其活动造成的跨国损害”是国际社会公认的原则。② 如果 PROCLIVIA 将 D. A. M. E. －7T 的相关技术信息告知 ASTERIA，由于 CUSKO－E－TM 使用的 SARASTRO 系统存在安全隐患，而 ASTERIA 自身的空间技术又不成熟，也可能无法避免碰撞。但是，作为一个工业化程度高、空间技术高度发达的国家，如果 ASTERIA 将 CUSKO－E－TM 卫星的相关信息告知 PROCLIVIA，那么 D. A. E. M－7T 就能在发射前进行相关技术调整，从而有效避免碰撞。③

---

① Id. at 296 －297.

② Mu Yaping, Zhou Jianhai, Wu Hui, The Theory of Contemporary International Law, Law Press, 1998, p. 188.

③ Compromis, para. 3.

第二章　第十七届国际空间法模拟法庭竞赛答辩方中文诉状

I. PROCLIVIA 拒绝合作和交换本可以使 ASTERIA 评估 CUSKO－E－TM 卫星群带来的风险的信息，违反了国际法

作为成员国，PROCLIVIA 违反了《联合国宪章》《外空条约》《责任公约》《登记公约》和习惯国际法中的国际合作原则，拒绝（1）合作和交流有助于 ASTERIA 评估 CUSKO－E－TM 星座可能带来的风险的相关信息，（2）提供关于其 D. A. M. E. －7T 卫星确切轨迹以及新的防撞系统的必要信息，（3）根据 ASTERIA 的安全区信息提交系统提前提交 D. A. M. E. －7T 的相关信息以避免碰撞。A. M. E. －7T 或新型防撞系统的必要信息，以避免碰撞。

此外，PROCLIVIA 作为 CUSKO－E－TM 卫星群的发射国，违反了《外空条约》的通知义务、《登记公约》的登记义务、《责任公约》和《登记公约》的监督义务。

A. PROCLICVIA 违反了促进国际合作的宗旨、国际合作原则以及合作与互助原则

A（1）PROCLIVIA 违反了《联合国宪章》促进国际合作的宗旨

国际化是外空活动的突出特点，一国不可能完全独立实施外空探索和利用活动。只有真正履行国际合作的原则，各方才能全面实现空间活动过程中

的利益。[①] 事实上，空间活动的实践已经表明，拥有不同政治制度、不同发展水平和文化的国家之间可以共同合作、互惠互利[②]，如同国际通信和气象数据系统作为国际合作的成功案例所显示那般。促进国际合作是联合国的伟大宗旨之一[③]，根据《联合国宪章》第一章和第二章的规定，各成员国应真诚地履行本宪章规定的义务。[④] 因此，作为缔约国，PROCLIVIA 有义务遵守促进国际合作的宗旨，这意味着 PROCLIVIA 应将 D. A. M. E. －7T 的卫星轨迹及其防撞系统的有关信息提供给 ASTERIA。

A（2）PROCLIVA 违反了国际习惯法中的国际合作原则和《外空条约》中的合作与互助原则

自外空领域的国际法律体系建立以来，国际合作原则一直被视为是具有根本性重要地位的原则。[⑤] 它实际上来自促进国际合作的倡议，并最终发展为外层空间国际习惯法的一部分。[⑥] 首先，根据《宪章》的定义，促进国际合作是外空法层次中最基本的价值和目的。[⑦] 然后，它通过联合国大会（以

① Wang Tieya: Public International Law, Law Press, 1995, p. 245.

② 51/122. Declaration on International Cooperation in the Exploration and Use of Outer Space for the Benefit and in the Interest of All States, Taking into Particular Account the Needs of Developing Countries.

③ UN Charter Chapter I, Article I, paragraph 3, to achieve international cooperation in solving international problems of an economic, social, cultural, or humanitarian character, and in promoting and encouraging respect for human rights and for fundamental freedoms for all without distinction as to race, sex, language, or religion.

④ UN Charter Chapter I, Article Ⅱ, para. 2, all Members shall settle their international disputes by peaceful means in such a manner that international peace and security, and justice, are not endangered.

⑤ Noichim C, Promoting ASEAN Space Cooperation, Space Policy, 2008, 24: 11.

⑥ The Space Millennium: Vienna Declaration on Space and Human Development, The Third United Nations Conference on the Exploration and Peaceful Uses of Outer Space, Vienna, 19 – 30 July 1999.

⑦ Ma Xinmin, Development of Outer Space Law: Framework, Goal and Direction, International Law Research, 2015, (No. 2).

下简称联大）通过的一系列文件来推行。① 最终，《外空条约》首次以法律形式明确所有缔约国②应在与空间有关的活动中遵守合作和互助的原则。③

作为国际法最古老的来源，国际习惯法是由国际惯例和法律确信组成的。④ 前者要求主权国家不断重复类似的行动，而后者则认为惯例被国际社会接受为法律。⑤ 无论是在内涵还是形式上，许多具体条款和国际惯例都反复强调促进国际合作，如《外空条约》第 1 条⑥、第 3 条⑦和第 9 条⑧。诚然，在其他联合国或外空条约中，也有大量的条款和细化内容强调了这一

---

① Such as the Declaration on Promoting World Peace and Cooperation, Declaration on Principles of International Law Concerning Friendly Relations and Cooperation Among States In Accordance With the UN Charter etc. Quoted from Xia Chunli, On the Legal Environment of International Cooperation for China Manned Space Station, Manned space, 2012, 18 (01): 6 - 10.

② Lara L. Manzione, Multinational Investment in the Space Station: An Outer Space Model for International Cooperation, 18 Am. U. Int' l L. Rev. 507, 517 (2002) .

③ Treaty on Principles Governing the Activities of States in the Exploration and Use of Outer Space, Article I.

④ Liang Xi, International Law (the third version), Wuhan University Press, 2011. 8, p. 38.

⑤ H. Lauterpacht: International law International Law of H. Lauterpacht, Vol. 1, 1978, p. 61 - 68.

⑥ Treaty on Principles Governing the Activities of States in the Exploration and Use of Outer Space, Article I, stipulates that international cooperation in free scientific exploration of outer space shall be promoted and encouraged.

⑦ Treaty on Principles Governing the Activities of States in the Exploration and Use of Outer Space, Article III, stipulates that international cooperation and understanding shall be promoted in the exploration and utilization of outer space activities.

⑧ Treaty on Principles Governing the Activities of States in the Exploration and Use of Outer Space, Article IX, stipulates that the principle of cooperation and mutual assistance should be taken as the criterion in the process of peaceful exploration and use of outer space.

点。① 因此，国际合作原则已经被接受为国际习惯法的一部分。②

如上所述，每个主权国家都应该遵守国际法，真诚地履行其国际义务。PROCLIVIA 拒绝合作的行为违反了《联合国宪章》促进国际合作的宗旨、国际习惯法中的国际合作原则以及《外空条约》中的合作与互助原则。

B. PROCLIVIA 违反了《外空条约》的通知义务和《登记公约》的登记义务

B（1）PROCLIVIA 违反了《外空条约》中的通知义务

根据《外空条约》第 11 条，缔约国应在最大限度内向联合国秘书长（以下简称 UNSG）以及公众和国际科学界通报其与空间有关的活动。③ 自从俄罗斯发射火星 -96 卫星以来④，缔约国应向联合国秘书长提供在核动力空间物体发射前、发射期间与空间有关的活动信息，包括这些活动的性质、行为、地点和结果，特别是那些可能影响其他空间活动或外层空间的问题或情况，如火星 -96 的第二次发动机点火问题。⑤

出于国际合作原则，减少对他国空间活动影响的考虑，ASTERIA 在 CUSKO - E - TM 星座出现问题时，公开建立、宣布和重申了安全区机制。但是，在计划让 D. A. M. E. - 7T 穿越 CUSKO - E - TM 的轨道区时，PRO-

① For example, the Charter of the United Nations, in the form of a special chapter (Chapter IX, "international economic and social cooperation"), not only defines the specific contents of international cooperation and the specific measures to be taken to promote international cooperation (Article 55), but also explicitly requires all countries in the world to promote international cooperation through cooperation with the United Nations and mutual cooperation (Article 56). As a result, international cooperation has in fact become a code of conduct that must be followed by the main body of international law in the process of international exchanges.

② Zhao Yun, Application of International Cooperation Principles in Outer Space Activities: Forms and Entities, International Outer Space, 2015, (1): 36 - 39.

③ Treaty on Principles Governing the Activities of States in the Exploration and Use of Outer Space, Article XI.

④ A/AC. 105/647 Note Verbale dated 15 November 1996 from the Permanent Mission of the Russian Federation addressed to the Secretary - General (Notification of the launch of Mars 96).

⑤ A/AC. 105/648 Note Verbale dated 18 November 1996 from the Permanent Mission of the Russian Federation addressed to the Secretary - General (Notification of the reentry of Mars 96).

CLIVIA 却没有将其卫星轨道和 Waltzing Wizard 系统的相关信息通知给任何人，这违反了《外层空间条约》中关于通知义务的规定。

B（2）PROCLIVIA 违反了《登记公约》中的登记义务

空间物体的登记制度在国际空间法中具有重要意义。[①]《登记公约》的缔约国有义务将其空间物体在登记册上登记，并根据其第 2 条[②]和第 4 条[③]的规定进行维护。最早提出建立登记册的记录可以追溯到 1976 年。[④] 从那时起，各国开始建立一个由其国内行政部门根据《登记公约》维护的发射到地球轨道或更远处的空间物体的登记册。[⑤] 更重要的是，为了履行合作和互助的原则，每个国家应在可行的情况下尽快向联合国秘书长提供在其登记册中登记的每个空间物体的信息。[⑥] 在正式登记后，联合国秘书长应保持记录所提供的信息，其中的信息应完全开放供公众查阅。[⑦] 在此，作为 D. A. M. E. –7T 的发射国，PROCLIVIA 有义务尽快完成相关信息的登记，以帮助 ASTERIA 能根据《登记公约》第 6 条协助识别空间物体的额外手段和程序。[⑧]

注意到 CUSKO – E – TM 卫星群的糟糕状况后，PROCLIVIA 从未向联合国秘书长提供其卫星轨道和 Waltzing Wizard 系统的基本属性和功能。

---

① In the field of space object registration, there are two kinds of registration systems, namely, the voluntary registration system under General Assembly resolution 1721 and the compulsory registration system under the Registration Convention. Quoted from: Gao Guozhu, Research on the Voluntary Registration System of Space Objects, Journal of CAAC Flight Academy, 2008 (No. 2).

② Convention on Registration of Objects Launched into Outer Space, Article II.

③ Convention on Registration of Objects Launched into Outer Space, Article IV.

④ ST/SG/SER. E/INF. 2. Note verbale dated 24 August 1976 from the Permanent Mission of Canada to the United Nations addressed to the Secretary – General.

⑤ ST/SG/SER. E/INF. 1. Establishment of a Register under the Convention on Registration of Objects Launched into Outer Space Note by the Secretary – General.

⑥ The information on each space object registered in its register book are as follow without any limitation: (a) the name of the or most of the launching states; (b) the appropriate marking or registration number of the space object; (c) the date and territory or location of the launch; (d) the basic orbital parameters, including nodal period, inclination angles, apogees, and perigees; (e) General functions of space objects.

⑦ Convention on Registration of Objects Launched into Outer Space, Article III.

⑧ A/RES/62/101. Recommendations on enhancing the practice of States and international intergovernmental organizations in registering space objects.

D. A. M. E. －7T 的轨道参数的相关信息是《登记公约》强制登记的内容，PROCLIVIA 作为缔约国却没有完全提供相关信息，违反了登记的有关规定。

C. PROCLIVIA 违反了《外空条约》《责任公约》《登记公约》中作为 CUSKO－E－TM 卫星群发射国的监管义务

C（1）PROCLIVIA 是 CUSKO－E－TM 卫星群的发射国

《外空条约》①《责任公约》② 和《登记公约》③ 对空间物体发射国的定义有相同的规定。《责任公约》第 5 条明确规定④，从其领土或设施发射空

① Treaty on Principles Governing the Activities of States in the Exploration and Use of Outer Space, Article VII stipulates the regulatory responsibility, in other words, a contracting party that launches or causes to be launched an object, and uses its territory or equipment for the purpose of launching an object, shall be internationally liable for damage caused to another Contracting State or its natural or legal persons by such object or its components on earth, in atmospheric space or in outer space, including the moon and other celestial bodies.

② The launching state and space object are defined in Article I, paragraphs III and IV of the Liability Convention. Launching state means the state that launches or causes to be launched a space object, or a state from whose territory or facilities it launches a space object; space object includes the components of a space object, its means of delivery and its components. And its Article I reads, (c) The term "launching state" means, (i) A State which launches or procures the launching of a space object; (ii) A State from whose territory or facility a space object is launched; (d) The term "space object" includes component parts of a space object as well as its launch vehicle and parts thereof.

③ Convention on Registration of Objects Launched into Outer Space, Article I, For the purposes of this Convention: (a) The term "launching state" means: (i) A State which launches or procures the launching of a space object; (ii) A State from whose territory or facility a space object is launched; (b) The term "space object" includes component parts of a space object as well as its launch vehicle and parts thereof. This is consistent with that of the Liability Convention.

④ Liability Convention, Article V, (3). A State from whose territory or facility a space object is launched shall be regarded as a participant in a joint launching.

间物体的国家应被视为联合发射国。根据外空委法律委员会的七项标准①，PROCLIVIA 成为 CUSKO－E－TM 卫星的发射国的理由也很明显，具体如下：（1） ORAMI 平台的前身是在 PROCLIVIA 的许可下建造的，并且有一个许可管理，即授权；（2） PROCLIVIA 对 CUSKO 的卫星制造厂和任务支持中心有领土管辖权。而在整个过程中，只要参与了某项发射活动（即学者 MATTE 提出的"推动"②），PROCLIVIA 就已经实质参与并推动了这项发射活动。因此，PROCLIVIA 是 CUSKO－E－TM 卫星的发射国，根据《外空条约》《责任公约》《登记公约》负有监管责任和义务。

C（2）PROCLIVIA 违反了《外空条约》《责任公约》《登记公约》规定的监管义务

根据相关条约规定的义务，发射国享有对在本国领土上开展的空间活动的管辖权，并在其管辖和/或控制下，对空间活动的开展进行许可并确保监管。③ 也就是说，需要有适当的程序来确保持续监管和监测经授权的空间活动④，这些程序应在监管框架内明确规定。根据《外空条约》《责任公约》《登记公约》，PROCLIVIA 作为发射国，有义务定期和持久地监管和监测 CUSKO－E－TM 卫星。

ASTERIA 对 CUSKO 管理层提供的细节不满意，便通过外交途径要求 PROCLIVIA 当局提供 CUSKO 提交的所有技术文件的复印件。尽管明知有不

---

① The seven criteria provided by the COPUOS Legal Subcommittee to the "launching state" are as follows：(1)those who provide territory for launching space objects；(2)those who provide equipment for launching space objects；（3） persons who exercise control over the orbit or trajectory of outer space objects；（4） Owners or occupiers of outer space objects；（5） persons who promote the launching of space objects；(6)participants in launching space objects；（7） Space object registrants. From：report of the legal subcommittee of the United Nations Committee on the peaceful uses of outer space on its fourth meeting，1968，p. 4. Quoted from Li Shouping，International Liability for Environment Damage in Outer Space，edited by Zhao Haifeng：Review of Outer Space Law，Vol. 1，Harbin：Harbin Institute of Technology Press，2006 edition，p. 87.

② MATTE N. Aerospace Law. US：Quorum Books. 1977（163）.

③ Literally by its citizens and/or legal persons established，registered or seated in territory under its jurisdiction and/or control. A/RES/68/74. Recommendations on national legislation relevant to the peaceful exploration and use of outer space.

④ A/RES/68/74. Recommendations on national legislation relevant to the peaceful exploration and use of outer space.

当操作的问题，但 PROCLIVIA 却并没有提供相关资料。PROCLIVIA 不顾国际合作的原则和发射国的监管责任，违反了《外空条约》《责任公约》《登记公约》的规定。

II. 根据国际法，PROCLIVIA 对 CUSKO 卫星的损毁负有责任，ASTERIA 对 D. A. M. E. -7T 卫星的损毁不承担国际责任

A. 根据国际不法行为及其责任，PROCLIVIA 应对 CUSKO 卫星的损毁负责

国家不法行为是指国际主体违反其国际义务而实施的行为。① 国际不法行为的构成包括主观方面和客观方面的因素。②

A（1）PROCLIVIA 的行为符合主观方面要求

主观因素是指一国的行为可归于该国，并构成该国的国家行为。对某一行为是否构成国家行为的判断，应以国际法而不是国内法为依据。③ 根据国际法，国家机关实施的不法行为可归于国家，可被视为国家行为。④ 在本案中，PROCLIVIA 将政府主导的 D. A. M. E. -7T 卫星发射到太空，然后在穿越 CUSKO - E - TM 卫星占据的轨道时与后者相撞。由于 D. A. M. E. -7T 卫星的发射和运行是由 PROCLIVIA 政府进行的，其行为可归咎于它，这也构成了 PROCLIVIA 的国家行为。

A（2）PROCLIVIA 的行为符合客观方面要求

客观要求是指该行为应违反国际法义务。

A（2）（a）PROCLIVIA 违反了预防的义务

根据《国际法不加禁止的行为所产生的损害性后果的国际责任》第 4

① Liang Xi, International Law, 107 (2011)

② Liang Xi, International Law, 108 (2011).

③ Liang Xi, International Law, 107 (2011).

④ Responsibility of States for internationally wrongful acts, Article IV.

条①和第6条②，责任主体在从事造成或可能造成损害的行为时应承担预防义务，并应采取预防措施，避免和减轻损害。根据中国代表在草案讨论中的发言，如果制定了一系列以预防措施为首要规则的条款，但未实施该措施或未给予应有的重视，则构成国际法上的不法行为，引起国家责任。③ 根据国际法的一般原则，一个国家应该防止在其边界之外产生明显的危险。在本案中，为了减少空间活动的风险，PROCLIVIA 在其卫星上使用了一个新的防撞系统，但却没有给予应有的重视。④ 在穿越由 CUSKO 卫星占据的轨道时，该系统缺乏关于 CUSKO 卫星的最终配置和 SARASTRO 软件编程参数的具体信息。这种信息的缺乏导致避免碰撞系统的定位不明确，这反过来又使预防措施的效率低下。

A（2）（b）PROCLIVIA 违反了通知和谈判的原则

首先，根据《外空条约》第11条，通知义务要求发射国在可行和实际的最大范围内向联合国秘书长以及公众和国际科学界通报此类活动的性质、行为、地点和结果。联合国秘书长应做好准备，并立即有效地传播信息。⑤ 鉴于空间活动的跨国性和高风险性等特点，提供信息是国际合作和增加安全的一个基本要求。在本案中，PROCLIVIA 公司没有遵守这一原则，没有将 D. A. M. E. –7T 卫星的信息告知相关人员。

向有可能遭受重大损害的国家发出通知是预防或尽量减少跨界损害制度的一个不可或缺的部分，这也反映在一些国际协定和国际法院的判例中。如在科孚海峡案⑥中，国际法院将警告义务定性为一项基本的人道主义要求。在本案中，PROCLIVIA 作为国际法主体，应当履行这一义务。在发射前，PROCLIVIA 知道该卫星将穿越 CUSKO 卫星所占据的轨道，这可能使 CUSKO 卫星面临重大风险，但却没有将 D. A. M. E. –7T 卫星的精确轨道等相关信

---

① International Liability for Injurious Consequences of Acts Not Prohibited by International Law, Article IV.

② International Liability for Injurious Consequences of Acts Not Prohibited by International Law, Article VI.

③ Representative of China States in the 48th UN General Assembly. Chinese Yearbook of International Law, 426（1994）.

④ Compromis, para. 11.

⑤ Outer Space Treaty, Article XI.

⑥ The Corfu Channel Case. http://www.icj-cij.ory/icjw-www/icases/icc/icc_isummaries/icc_isummary_19480325.htm.

息告知 ASTERIA。因此，ASTERIA 无法意识到它所面临的重大损害风险，更不用说采取措施加以防范了。

其次，《外空条约》第 9 条规定了协商的义务，如果条约缔约国有理由相信它或它的国民计划在包括月球和其他天体在内的外层空间进行的活动或试验，会对其他缔约国和平探索和利用包括月球和其他天体在内的外层空间的活动造成潜在的有害干扰，它应在进行任何此类活动或试验之前进行适当的国际协商。① 本条约缔约国 PROCLIVIA 知道 D. A. M. E. －7T 卫星将按计划通过 CUSKO 卫星占据的轨道，并可能干扰 CUSKO 的正常活动，却没有与 ASTERIA 进行协商。最终，由于缺乏通知和协商，导致两颗卫星发生碰撞。

B. 根据国际非禁止行为的国家责任，PROCLIVIA 应对 CUSKO 卫星的损毁负责

作为一个法律概念，国际非禁止行为的国家责任已被各国的司法实践和判例所广泛接受。它是指国际法主体的行为造成了某种损害性后果，虽然行为本身并不违反国际法，但仍要对该损害性后果承担国际责任。② 这种责任的出现只取决于域外损害的发生，只要该行为造成了损害，相关国家就有赔偿责任。③ 可见，这种国家责任的适用有两个条件：（1）国际法主体实施了不违反国际法的行为；（2）该行为造成了某种损害。

PROCLIVIA 发射 D. A. M. E. －7T 卫星是一种自由探索外层空间的行为，符合基于《外空条约》的外层空间活动的基本原则。④ 但是，D. A. M. E. －7T 卫星在穿越 CUSKO 卫星所占据的轨道的过程中对 CUSKO 卫星造成了损害，PROCLIVIA 应承担对 CUSKO 卫星的损害赔偿责任。

C. PROCLIVIA 应根据《责任公约》第 3 条对 CUSKO 卫星的损毁负责

根据《责任公约》第 3 条的规定，如果发射国的空间物体在地球表面

---

① Outer Space Treaty, Article IX.

② Zhou Zhonghai, International Law, 167 (2007).

③ Zhou Zhonghai, International Law, 93 (2017).

④ Outer Space Treaty, Article I.

以外的其他地方对其他空间物体或该空间物体上的人或财产造成损害，只有在损害是由于它的过失或它对之负责的人的过失造成的情况下，该发射国才应承担责任。[①] 本条规定了涉及外国因素的空间物体造成损害的过失责任原则。责任主体只要满足四个条件就应承担赔偿责任：一是损害事实的客观存在；二是损害行为违反了国际法的规定；三是行为人主观上有过失；四是损害行为与损害后果之间有因果关系。

C（1）CUSKO 卫星受到了客观损害

根据《责任公约》第 1 条，空间活动中的空间物体造成的损害包括人身损害和财产损害。[②] 2028 年，两颗卫星因不协调的紧急制动而相撞，造成其中 CUSKO - E - TM 卫星严重损坏，这对 CUSKO 公司来说是财产损失。[③] 它应属于《责任公约》中的损害范围。

C（2）CUSKO 卫星损毁与 PROCLIVIA 行为之间存在着因果关系

在本案中，CUSKO 卫星于 2026 年 12 月成功部署在距地面 790 公里至 810 公里的地球轨道平面上，并正式进入运行状态。而 D. A. M. E. - TT 卫星的闯入，造成了 CUSKO - E - TM 卫星在穿越 CUSKO 卫星所占轨道时被严重破坏。可以推断出，穿越行为与破坏有直接的因果关系。

C（3）PROCLIVIA 的行为违反了现有国际法的规定

C（3）（a）PROCLIVIA 违反了国际合作的原则

合作原则是国际法的一项基本原则，在《外空条约》第 1 条[④]、第 3 条[⑤]和第 9 条[⑥]中都有明确规定。PROCLIVIA 作为条约的缔约国，应遵守并实质性地执行这一原则。虽然 PROCLIVIA 作为后来的发射国，知道 D. A. M. E. - 7T 卫星将通过 CUSKO 的轨道，在此过程中存在碰撞的风险，但它没有与 ASTERIA 沟通、协商或告知与 D. A. M. E. - 7T 卫星有关的任何信息。

此外，合作原则在《关于开展探索和利用外层空间的国际合作，促进所有国家的福利和利益，并特别要考虑到发展中国家的需要的宣言》第 3

---

① Liability Convention, Article III.
② Liability Convention, Article I.
③ Compromis, para. 15.
④ Outer Space Treaty, Article I.
⑤ Outer Space Treaty, Article III.
⑥ Outer Space Treaty, Article IX.

条中得到进一步解释：所有国家，特别是拥有相关空间能力和探索与利用外层空间计划的国家，应在公平和相互接受的基础上为促进和推动国际合作作出贡献。[①] 也就是说，拥有空间活动能力和计划的国家应尽可能地促进和推动国际合作。[②]

ASTERIA 在这次发射前从未进行过太空活动，而 PROCLIVIA 有太空活动的经验，并制定了国内空间法。[③] 可以推断，PROCLIVIA 是一个“具有探索和利用外层空间的相关空间能力和计划”的国家，它应该考虑到 ASTERIA 这个发展中国家的利益。然而，PROCLIVIA 没有向 ASTERIA 提供 D. A. M. E. －7T 卫星的现有信息，这违反了其国际合作的义务。这最终导致 CUSKO 卫星在没有与其他物体有关的卫星数据的情况下被摧毁。

C（3）（b）PROCLIVIA 违反了充分注意的义务

《外空条约》第 9 条规定了缔约国在开展外层空间活动过程中的义务，包括“充分注意本条约所有其他缔约国的相应利益”。[④] 充分注意是指某项行为应在按照一定标准的注意和观察下进行。这是对各国行使其自由探索外层空间的权利的一种限制。有关国家必须证明自己已经采取了所有可能的措施来防止事故或损害的发生，而且这种证明应足以排除合理的怀疑。[⑤]

为了提高系统的安全性，减少损坏的风险，D. A. M. E. －7T 卫星配备了新的防撞系统 Waltzing Wizard，PROCLIVIA 向 Endeavor 公司提供了关于以前未批准的 CUSKO－E－TM 卫星的全部信息。但 CUSKO 公司告知公众，自从搬迁到 ASTERIA 后，它调整了卫星技术参数，以满足运输系统自主运行的现有唯一国际标准（PAMINA）的要求。[⑥] 然而，PROCLIVIA 仍然盲目地相信原来的信息，而没有尝试充分了解任何新的参数信息。此外，为了使其技术更符合其未来空间计划的设计，D. A. M. E. －7T 使用了一个新的防撞系统，其参数不符合国际标准。因此，PROCLIVIA 采取一切可能措施的证

---

① Declaration on International Cooperation in the Exploration and Use of Outer Space for the Benefit and in the Interest of All States, Taking into Particular Account the Needs of Developing Countries, Article III.

② Cologne Review of Space Law, Volume I: Outer Space Treaty, p. 295.

③ Compromis, para. 2, 4.

④ Outer Space Treaty, Article IX.

⑤ Cologne Review of Space Law, Volume I: Outer Space Treaty, p. 245.

⑥ Compromis, para. 7.

据不足以消除合理怀疑。

D. ASTERIA 对 D. A. M. E. -7T 卫星的损毁不承担责任

D（1）ASTERIA 充分注意其空间活动，并通过宣布单方面的“安全区”积极参加国际合作

为了减少在外层空间发生碰撞或其他事故的风险，ASTERIA 单方面宣布在 CUSKO 卫星群的轨道上设立一个“安全区”，要求所有打算进入或穿越该区域的空间行为者事先提交有关其计划活动的信息。① 在外空委的一次会议上，ASTERIA 在其声明中再次重复了这一信息要求，这应该是其他国家都知道并遵守的。② 这种提交活动信息的目的是为了促进各国在外层空间的有效合作。

D（2）ASTERIA 对 CUSKO 的空间活动承担了相应的监管义务

《关于各国探索和利用外层空间活动的法律原则宣言》第 5 条规定，非政府实体在外层空间的活动需要有关国家的批准和持续监督。③ 作为一个发展中的岛国，ASTERIA 在监管外层空间活动和相关立法问题上缺乏经验。虽然它无法通过国内空间法审查和批准 CUSKO 的空间活动，但 ASTERIA 实际上已经通过其他方式对 CUSKO 的空间活动进行了监督。在《发现》杂志引起了专家对单质推进发动机和 SARASTRO 系统运行情况的关注后，ASTERIA 要求 CUSKO 管理层就该卫星的部署和运行所产生的任何潜在风险进行说明。CUSKO 方说明的程度并不能满足 ASTERIA。因此，为了了解操作卫星可能存在的风险，ASTERIA 要求 PROCLIVIA 当局提供一份 CUSKO 最初在 2025 年 4 月作为 PROCLIVIA 许可程序的一部分提供的所有技术文件的副本。但该要求未得到答复。可以推断，PROCLIVIA 的不作为实际上阻碍了对 CUSKO 空间活动的监督。

D（3）ASTERIA 遵守来人类共同利益的原则

《外空合作宣言》的序言和第 1 条确立了外层空间法的一项原则，即探

---

① Compromis, para. 8.

② Compromis, para. 9.

③ Declaration of Legal Principles Governing the Activities of States in the Exploration and Use of Outer Space, Article V.

索和利用外层空间应是为了全人类的利益而进行的。① 从外层空间活动中获得的利益不应仅仅用于进行投资和开展空间活动的国家，而应用于所有国家。鉴于立法精神，任何不顾其他国家和人类利益的单方面探索和利用外层空间的行为，都是对这一原则的违反。在 CUSKO 的“绿色空间技术革命”之后，ASTERIA 表面上似乎是被宣传和旅游兴趣的前景所诱惑，然而发射的实际目的是为地面提供负担得起的全球宽带通信服务。② 这实质上是一项造福全人类的空间活动。

III. 根据国际法，ASTERIA 不对 PROCLIVIA 从外太空进行的南极洲科学考察活动的中断承担责任

PROCLIVIA 是所有五个外空法条约的缔约国，而 ASTERIA 只签署但没有批准《外空条约》。因此，ASTERIA 不受《外空条约》的约束。根据《关于各国探索和利用包括月球和其他天体在内外层空间活动的原则条约》和《关于登记射入外层空间物体的公约》，CUSKO 在 ASTERIA 发射 CUSKO - E - TM 是完全合法的行为。此外，对南极洲科学调查的中断不属于《空间物体所造成损害的国际责任公约》规定的损害范围。因此，ASTERIA 不对 PROCLIVIA 科学考察的中断负责。

A. 根据《外空条约》和《责任公约》，ASTERIA 不对 PROCLIVIA 的科学考察活动中断负责

A（1）根据《责任公约》第 2 条和第 3 条，本案应适用过错责任原则

《责任公约》第 2 条和第 3 条体现了两项归责原则。③ 第一，发射国对地球表面的损害承担绝对责任；第二，发射国对另一发射国的物体在外层空间造成的损害承担过错责任。D. A. M. E. - 7T 卫星的碎片是造成 PROCLIVIA 利用 D. A. M. E. - 7T 的科学研究活动中断的直接原因。因此，本案应适

① Declaration of Legal Principles Governing the Activities of States in the Exploration and Use of Outer Space：preamble，Article I.

② Compromis，para. 1.

③ Liability Convention，Article II，Article III.

用过错责任原则。

A（2）根据过错责任原则，ASTERIA 的行为符合国际法，不需要承担责任

根据过错责任，发射国承担的责任不仅要求受害国证明其遭受的损害是可以赔偿的，而且还必须证明发射国有过错。① 科孚海峡案是无过错责任原则的一个指导性例子。② 在本案中，虽然 ASTERIA 不受《外层空间条约》的约束，但它的行为符合国际法的一般原则，因此，它不必承担责任。

A（2）（a）根据《外空条约》第 14 条，ASTERIA 不受该条约的约束

根据《外空条约》第 14 条③的规定，代表的签署通常并不意味着其国家最终同意接受条约的约束，直到条约被批准（或核准）。ASTERIA 只是签署该条约，但没有批准。因此，ASTERIA 不受《外空条约》的约束。

A（2）（b）根据《外空条约》第 6 条，ASTERIA 已经履行了监管义务

根据《外层空间条约》第 6 条④，各国有义务在外空活动整个期间进行持续监测⑤。

ASTERIA 要求 CUSKO 管理层澄清该卫星的部署和运作所产生的任何潜在风险。而 CUSKO 方断言，该卫星并没有构成任何风险。即使是这样，ASTERIA 也采取了行动来提高 CUSKO－E－TM 的安全性。例如，ASTERIA 公布了一个“安全区”。而且 ASTERIA 向 PROCLIVIA 的当局请求提供 CUSKO 最初提供给 PROCLIVI 的所有技术文件的副本，以便更好地了解操作大型卫星可能带来的风险。因此，ASTERIA 已经履行了必要的监管义务。

A（2）（c）ASTERIA 已经履行了《外层空间条约》规定的登记和通知义务

《外层空间条约》第 11 条规定了向联合国秘书长、公众和国际科学界提供信息的义务⑥，这反映了向国际社会通报外层空间活动和成果的必要

---

① Yearbook of the International Law Commission, 1979, vol. 2, part 2, analysis at p. 122 et seq.

② Lan Brownlie, System of the Law of Nations State Responsibility (part 1), Clarendon Press, Oxford 1983, p. 41.

③ Outer Space Treaty, Article XIV.

④ Outer Space Treaty, Article VI.

⑤ Cologne Review of Space Law, Volume I: Outer Space Treaty.

⑥ Outer Space Treaty, Article XI.

性。《登记公约》进一步规定各国必须这样做。[①] CUSKO 已经在 ASTERIA 注册，ASTERIA 向联合国提供了相关信息并向公众开放。ASTERIA 披露了关于 CUSKO - E - TM 运行的技术信息，履行了其登记和通知义务。

A（3）根据《责任公约》，PROCLIVIA 在外太空进行的 PROCLIVIA 南极洲科学调查的中断，不属于《责任公约》规定的损害范围

根据《责任公约》第 1 条[②]，条约所称责任仅限于人身伤害和财产损失，不包括对其他国家或其他国家的自然人或法人权利的损害。同时，《责任公约》第 2 条、第 3 条明确规定了赔偿的地域范围。[③] 其他损害不在《责任公约》的赔偿范围内，如环境损害。

此外，根据目前的国际惯例，对人身伤害和财产损失的赔偿应限于直接损害。在阿拉巴马案中，仲裁法庭指出，“在仲裁员定性为间接损害的案件中，从来没有裁定过赔偿”。[④] 在 Trail Smelter Abatement 案中，仲裁庭拒绝了美国关于商业损失、农作物减少的索赔，认为其因果关系链过于间接和遥远。[⑤]

与美国在特雷尔冶炼厂案中索赔的商业损失类似，PROCLIVIA 所称科学考察的中断也是一种利益损失，是一种间接损害。因此，它不属于《责任公约》的范围。

B. 根据《外层空间条约》和《关于在外层空间使用核动力源的原则》，PROCLIVIA 应对自己科学考察活动的中断负责

B（1）根据《外空条约》，PROCLIVIA 违反了国际合作和互助原则

由于外太空活动的国际性，各国不可能完全独立开展外太空活动。因此，国际合作和相互依存已成为并将继续成为国际空间法的一项重要原

---

① Convention on Registration of Objects Launched into Outer Space: Article II.

② Liability Convention, Article I (a).

③ Liability Convention, Article II, Article III.

④ A. Hauriou, Les Dommages Indirectsdansles Arbitrage International, Cited in yearbook of the international law commission (1989), Vol. II, part I, p. 27 - 28.

⑤ Trail Smelter Arbitration (U. S. A v Canada) (1938 - 1941). 9 ILR. 315.

则。[①]《外空条约》也充分体现了这一点。在《外空合作宣言》中[②]，国际合作被重申为国际法的基本原则。而信息交流是开展国际合作的关键。[③]

为了更好地了解可能的风险，ASTERIA 要求 PROCLIVIA 提供技术文件，这一行为的合理性毋庸置疑。而在 ASTERIA 公开宣布“安全区”后，PROCLIVIA 应该提供 D. A. M. E. -7T 的确切卫星轨迹，以减少风险。但是，PROCLIVIA 拒绝了，这显然违反了国际合作和互助的原则。

B（2）根据《外空条约》第 9 条，PROCLIVIA 违反了对所有其他条约缔约国的相应利益给予适当考虑的义务

根据《外空条约》第 9 条[④]，各国有义务“适当注意本条约所有其他缔约国的相应利益”。为此，各国应避免采取任何旨在妨碍其他国家空间活动的措施。[⑤] 国家必须证明已经采取了所有可能的措施来防止有害行为的发生，而且这种证明的力度应该能够消除合理的怀疑。[⑥] 在开发 D. A. M. E. -7T 防撞系统时，PROCLIVIA 使用了来自 CUSKO - E - TM 的信息，这显然不足以消除合理怀疑。而且 PROCLIVA 没有适当考虑到发射 D. A. M. E. -7T 卫星本身可能对 ASTERIA 造成有害行为的风险，这显然违反了适当注意所有其他缔约国相应利益的义务。

B（3）根据《外空合作宣言》第 3 条，PROCLIVIA 违反了公平、合理和自由的原则

《国际空间合作宣言》第 3 条指出，外层空间是人类的共同财产[⑦]，因此，空间技术发达国家应遵循合理的国际合作原则，在获得自身利益的同时，必须充分照顾发展中国家和空间技术落后国家的利益。[⑧]

---

① He Qizhi, The Law of Outer Space, Law Press, 1992.

② Declaration on International Cooperation in the Exploration and Use of Outer Space for the Benefit and in the Interest of All States, Taking into Particular Account the Needs of Developing Countries.

③ Cologne Review of Space Law, Volume I: Outer space treaty, p. 328.

④ Outer Space Treaty Article, Article IX.

⑤ Cologne Review of Space law, Volume I: Outer Space Treaty, p. 296.

⑥ Cologne Review of Space Law, Volume I: Outer Space Treaty, p. 297.

⑦ Declaration on International Cooperation in the Exploration and Use of Outer Space for the Benefit and in the Interest of All States, Taking into Particular Account the Needs of Developing Countries.

⑧ Li Shouping, Zhao Yun, The Law of Outer Space, Guangming Daily Press, 2010.

ASTERIA 是一个没有空间法的小岛国，以前没有进行过任何外太空活动。另一方面，PROCLIVIA 是高度工业化的国家，有能力发射世界上最先进的观测卫星。在首先发射卫星的情况下，PROCLIVIA 应该充分考虑到 ASTERIA 的利益。但 PROCLIVIA 没有采取任何合作措施，这明显违反了原则。

B（4）根据《责任公约》第1条，PROCLIVIA 没有履行监管 CUSKO－E－TM 卫星的义务

B（4）（a）PROCLIVIA 是 CUSKO－E－TM 卫星的发射国

《责任公约》第 1 条[①]对什么是促成发射并没有明确界定。有人认为，“发射国应积极干预卫星的发射，或至少促进特定空间物体的发射”。关于积极参与，学者 Metter 提出，“仅仅是参与一项发射活动，就意味着积极参与”。

CUSKO 的卫星制造厂和任务支持中心，都位于 PROCLIVIA 的首都 Mittama。此外，CUSKO－E－TM 卫星的发射平台是一个经过 PROCLIVIA 当局许可的石油钻井平台。因此 PROCLIVIA 也应该是 CUSKO－E－TM 卫星的共同发射国。

B（4）（b）PROCLIVIA 没有履行其管理职责

作为 CUSKO－E－TM 的启动国，PROCLIVIA 应该履行与 ASTERIA 相同的持续监管义务。在 CUSKO－E－TM 的运作明显出现问题后，PROCLIVIA 不仅没有积极协助 ASTERIA 解决相应的问题，而且无视 ASTERIA 的信息要求。因此，PROCLIVIA 没有履行必要的监管义务。

C. PROCLIVIA 称 ASTERIA 对妨害自己科学调查自由负有国际责任的说法缺乏法律依据

C（1）根据《维也纳核损害民事责任公约》和《巴黎公约》，PROCLIVIA 应该对其南极科研活动的中断负责

C（1）（a）根据《维也纳核损害民事责任公约》，PROCLIVIA 是 D. A. M. E. －7T 核动力源卫星的运营者

根据《维也纳核损害民事责任公约》第 1 条[②]，PROCLIVIA 符合经营者的要求。D. A. M. E. －7T 是一颗政府地球观测卫星，是 PROCLIVIA 政府

---

① He Qizhi, The Law of Outer Space, Law Press, 1992.

② The Vienna Convention on Civil Liability For Nuclear Damage, Article I.

资助发射的卫星，以促进 PROCLIVIA 的科学研究活动。

C（1）（b）PROCLIVIA 对此负有责任

国际公约规定的核责任制度主要包括严格责任、唯一责任等原则。① 这两份文件都提出了对核电站运营者的客观责任原则。② 对核电站经营者采用绝对责任的主要理由是基于核电站内在的“潜在的高度风险”。③ 在这方面，有代表性的是《维也纳公约》第 IV/1 条（1977 年 11 月起生效）。④ 唯一责任原则意味着，核设施的经营者是唯一对核损害负有法律责任的人。⑤ 在这一地位中，必须加上“排他性，这意味着核损害的受害者除了向其要求赔偿外，没有其他可能性”。⑥

PROCLIVIA 的南极研究活动的中断是由 D. A. M. E. –7T 碎片的不完全燃烧直接造成的。而 PROCLIVIA 是 D. A. M. E. –7T 的经营者。根据严格责任和唯一责任的原则，只有经营者 PROCLIVIA 应对核损害承担责任。

C（1）（c）ASTERIA 对两颗卫星的碰撞、碎片的进入和钚的扩散都没有过错，因此不应承担责任

根据《巴黎公约》第 6（c）（i）条，唯一责任原则有一些例外情况。然而，ASTERIA 发射 CUSKO – E – TM 是一个事先合法的行为。而且 ASTERIA 对 D. A. M. E. –7T 和 CUSKO – E – TM 之间发生的碰撞没有过错。关于科学活动的中断，D. A. M. E. –7T 所含钚的扩散是直接原因；国家责任制度是以国家行为的不法性为基础。⑦ ASTERIA 没有对结果产生实质性影响，也没有违反相应的国际义务，因此，ASTERIA 不承担责任。

---

① Fu Jixi. Civil Liability and Compensation for Nuclear Damage. Atomic Energy Press, 2003.

② Elena Iftime, Liability for Damage Caused by Dangerous Situations and Activities to the Environment, Procedia – Social and Behavioral Sciences, Volume 149, 2014, p. 417 –423.

③ Tsan – ling Lin. State Responsibility for Transboundary Harm in International Law. Beijing, 1995: 467.

④ The Vienna Convention on Civil Liability For Nuclear Damage, Article IV.

⑤ Cai Xianfeng, The Principle of Concentration of Liability in Civil Liability for Nuclear Damage, Contemporary Law, 2006 (04): 117 – 120.

⑥ Elena Iftime, Liability for Damage Caused by Dangerous Situations and Activities to the Environment, Procedia – Social and Behavioral Sciences, Volume 149, 2014, p. 417 –423.

⑦ Li Shouping, The Modern Legal System of International Responsibility, Wuhan University Press, 2003.

C（2）PROCLIVIA 违反了通知和通报的义务

C（2）（a）根据《关于在外层空间使用核动力源的原则》和《外层空间活动的长期可持续性准则》，PROCLIVIA 违反了通知义务

根据《关于在外层空间使用核动力源的原则》第 5 条①和《外层空间活动的长期可持续性准则》②，国家和国际组织应采取客观和透明的做法将有关情况及时向国际社会进行通报。③ 通知原则在国际实践中已多次应用。当探测器出现故障并落入大气层时，俄罗斯迅速通知了有关国家。④ D. A. M. E. -7T 是作为携带核动力源的卫星发射的。当它与 CUSKO - E - TM 碰撞时，碰撞后的碎片很可能重新进入地球，PROCLIVIA 应及时通知相关国家。

C（2）（b）根据《及早通报核事故公约》，PROCLIVIA 违反了通知义务

根据《及早通报核事故公约》第 1 条和第 2 条的规定⑤，当钚的碎片进入地球并击中南极洲时，地球表面实际受到或可能受到核事故的影响，但 PROCLIVIA 没有通知国际原子能机构和其他国家或机构。

C（3）PROCLIVIA 南极洲科学考察的中断，不属于《责任公约》规定的损害范围

根据《责任公约》第 1 条⑥，对另一国或另一国的自然人或法人的权利的间接损害不包括在内。在加拿大的案件中，法院没有要求巴西赔偿船只继续捕鱼的利润。因为“有一种危险是，船只可能很快就会在航行中迷失，此时航行没有利润，可能完全是徒劳的”。⑦ 南极洲是一个不受国家管辖的国际公共区域⑧，科学考察的中断是预期利益的损失，而且很有可能调查进行了很多年都没有取得任何进展。因此，它不属于《责任公约》的范围。

---

① Use of Nuclear Power Sources in Outer Space, Article V.

② Guidelines on the Long - term Sustainability of Outer Space Activities.

③ Xiao Jun. Analysis of International Legal Rules for Space Object re - entry. 2017.

④ Gao Sheng, Jiang Xin, On the Legal Regulation of Space Environmental Protection in International Space Law, Frontiers, 2006（6）: 149.

⑤ Convention on Early Notification of A Nuclear Accident, Article I, Article II.

⑥ Liability Convention, Article I;

⑦ J. B. Moore, History and Digest of the International Arbitations to Which the United States Has Been a Party, vol. 2, p. 1733.

⑧ He Qizhi, The Law of Outer Space, Law Press, 1992.

第三章　第十七届国际空间法模拟法庭竞赛申请方英文诉状（1）

MANFRED LACHS SPACE LAW MOOT COURT COMPETITION (2021)

Team NO. 2011

IN THE INTERNATIONAL COURT OF JUSTICE

AT THE

PEACE PALACE, THE HAGUE

Case Concerning Mega-Constellations, Autonomous Space Operations and Freedom of Scientific Investigation

PROCLIVIA

(APPLICANT)

v.

ASTERIA

(RESPONDENT)

ON SUBMISSION TO THE INTERNATIONAL COURT OF JUSTICE

– MEMORIAL FOR THE APPLICANT –

PROCLIVIA

Case Concerning Mega – Constellations, Autonomous Space Operations and Freedom of Scientific Investigation

PROCLIVIA

(APPLICANT)

v.

ASTERIA

(RESPONDENT)

"*The PROCLIVIA and the ASTERIA submit the following dispute to this Court by Special Agreement for Resolution without, Reservations, pursuant to article* 40 (1) *of the Statute of the International Court of Justice and the Jurisdiction of this Court thus extends to all matters referred to by the parties in accordance with article* 36 (1) *of the Statute of the Court.*"

TABLE OF AUTHORITIES

Treaties and Multilateral Agreements

Treaty on Principles Governing the Activities of States in the Exploration and Use of Outer Space, including the Moon and Other Celestial Bodies, 18 U. S. T. 2410, 610 U. N. T. S. 205 (enter into force on January. 27, 1967).

Convention on the International Liability for Damage Caused by Space Objects, 24 U. S. T. 2389, 961 U. N. T. S. 15 (enter into force on September. 1, 1972,).

Convention on Registration of Objects Launched into Outer Space, 28 U. S. T. 695, 1023 U. N. T. S. 15 (enter into force on September. 15, 1976).

The Antarctic Treaty, 12 U. S. T. 794, T. I. A. S, No. 4780, 402 U. N. T. S. 71 (enter into forceon June. 23, 1961).

Charter of the United Nations (enter into force on October, 24. 1945).

Books

He Qizhi, The Law of Outer Space (1992).

Stephan Hobe, et al., Cologne Commentary on Space Law, Vol. 1 Outer Space Treaty (Li Shouping trans., 2017).

Ben Cheng, Studies in International Space Law (1997).

Yin Yuhai, Research on International Legal Liability of Aerospace Development (2004).

National Defense Science And Technology Industry Soft Science Project Report, National Defense Science and Technology Industry Commission, Comparative Study on Space Law of Major Countries In The World (2003).

Jennings, Watts Revised: Oppenheim International Law (1995).

Shao Jin, International Law (2000).

Li Shouping, Zhao Yun, Monograph on Outer Space Law (2009).

Li Shouping, Responsibility of Modern International Law (2003).

Mu Yaping, Zhou Jianhai, Wu Hui, The Theory of Contemporary International Law (1998).

Cf. Crawford, James, The International Law Commission's Articles on State Responsibility: Introduction, Text and Commentaries (2002).

Marietta Benko and Kai - Uwe Schrogl, Current Problems and Perspectives for Future Regulation (2005).

Wang Zejian, The Law of Tort (2001).

He Qizhi, Law of State Responsibility and Brief Analysis of Relevant Cases (2003).

Articles

Biswanath Gupta Raju KD, Understanding International Space Law and the Liability Mechanism for Commercial Outer Space Activities—Unravelling the Source, 2019 Indian Council of World Affairs (ICWA) Reprints and Permissions: in. sagepub. com/journals - permissions - india. (2019).

Gao Guozhu, The State Responsibility of Outer Space Activities, Global Law Review, 2008 (04), p. 22.

Simonetta Di Pippo and Yukiko Okumura, Reflections on the 50th Anniversary of the Outer Space Treaty, UNISPACE + 50, and Prospects for the Future of Global Space Governance, Space Policy Volume 47, p. 28 - 33 (2019).

Li Shouping, Commercial Use of Outer Space and China's Countermeasures, Journal of Beijing University of Technology (Social Scierce Edition), No. 1, p. 99 - 106 (2013).

Zheng Bin, Subject of Liability for Damages in Space Activities, Journal of International Law, 1968, (95): 548.

Li Jingzhu, Zhao Haifeng, A Comparison of Licensing Systems for Space Activities. Journal of Beijing University of Technology (Social Scierce Edition), Vol. 14, No. 4, Aug. (2012).

Sergio Marchisio, International Legal Regime on Outer Space: Liability Convention and Registration Convention, in Proceedings of the United Nations / Nigeria Workshop on Space Law on Meeting International Responsibilities and Addressing Domestic Needs, Abuja, Nigeria, 2005, p. 20.

Long Jie, Legislative Aspects of the Registration System for Outer Space Objects, Local Legislation Journal, 2019 (03). p. 97.

Wang Guoyu, Yuan Jie, The Main Limitations and Effects of Outer Space Treaties on Space Activities, Space Debris Research, 2017 (01), p. 46 – 54.

Xu Aimin, Zhang Guoting, Preliminary Discussion on The Establishment of China' s Commercial Space Supervision System, Erospace China, 2019 (08), p. 43 – 45.

Rene Provost, State Responsibility in International Law, Libraries of Essays in International Law, 188 (2002).

Cheng Bin, United Nations Resolutions on Outer Space: "instant" International Customary Law, Oxford Scholarship Online (1997).

Zhao Yun, Application of the Principles of International Cooperation in Outer Space Activities: Form and Entity Requirements, The International Space, vol1 (2015).

Lin CanLing, State Liability for Injurious Consequences Due to acts Not Prohibited By International Law. Comparative Law Study, vol3 (2000).

Song Jinyu, On the Construction of China' s Space Legislation System under the Trend of Space Commercialization. D922. 296.

Wang Jing, Analysis on the Commercialization of Space Activities and Its Legal System, 2001 (1), D999. 1.

Zhou Liying, Legal Issues on Commercialization of Outer Space Activities. D999. 1.

Wang Liming, The Construction of China' s Tort Liability Legal System, China Legal Science, 2008 (4).

Hobe, Stephan, Legal Aspects of Space Tourism, 86 Neb. 1. Rev, Issue2 (2007).

United Nations Documents and Resolutions

International Cooperation in the Peaceful Uses of Outer Space, U. N. Doc. A/RES/ 1721 (XVI), (Dec. 20 1961).

Responsibility of States for Internationally Wrongful Acts, U. N. Doc. A/ RES/56/83 (Jan. 28 2002).

Principles Relevant to the Use of Nuclear Power Sources in Outer Space, U. N. Doc. A/RES/47/68 (Dec. 14 1992).

Miscellaneous

The Conversation APA Citation: What Any Country Can and Can' t do in Antarctica, in the Name of Science (2018, October 31) Retrieved 28 October 2020, by Julia Jabour.

United States Communications Satellite Act of 1962.

Outer Space Act 1986, United Kingdom.

Act on Space Activities (1982: 963), Sweden.

Corfu Channel Case (U. K. V Albania), 1947 - 1949.

PCIJ, Phosphates in Morocco case, 1938, Compilation A/B, No. 74; Citations can be found at p. 25 - 26, p. 28.

Alabama Claims Arbitration 1872, in John Bassett Moore (ed.), History and Digestof the International Arbitrations to which the United States has been a Party, 1898.

The Agreement between the Government of the United States of America and the Government of the United Kingdom of Great Britain and Northern Ireland for Cooperation on the Uses of Atomic Energy for Mutual Defense Purposes, UKTS No. 72 (1959), Cmnd. 859, From: http://www.acronym.org.uk/old/archive/dd/dd77/77mda.htm.

QUESTIONS PRESENTED

A. Whether ASTERIA violated international law when it did not authorized and continuously supervised the space activities of CUSKO, when 1) ASTERIA did not establish any prior approval and licensing procedures for CUSKO to launch satellites, in the absence of any domestic space law, but actually helped CUSKO carry out space activities; 2) ASTERIA has not adopted the reporting system and information disclosure measures for the operation conditions of CUSKO - E - TM satellites.

B. Whether ASTERIA is liable under international law for the loss of the D. A. M. E. -7T satellite and PROCLIVIA is not liable under international law for the loss of the CUSKO satellite, when 1) ASTERIA launched CUSKO satellite while did not authorize and supervise it, 2) PROCLIVIA registered and launched D. A. M. E. -7T satellite, 3) CUSKO satellite collided with D. A. M. E. -7T satellite and caused serious damage for the lack of related information.

C. Whether ASTERIA is internationally responsible for impeding PROCLIVIA' exercise of the freedom of scientific investigation, when 1) ASTERIA didn't fulfill the obligation of continuing supervision of CUSKO - E - TM, 2) PROCLIVIA's conduct is consistent with both the International law and Antarctic Treaty, 3) ASTERIA violated the principle of International Cooperation, 4) D. A. M. E. -7T was unlawfully collided by CUSKO - E - TM, which infringed the right of PROCLIVIA' exercise of the scientific investigation.

STATEMENT OF FACTS

This case is focused on three law claims of the dispute between PROCLIVIA and ASTERIA.

I. Background

In early 2025, the privately – owned CUSKO entity, registered in PROCLIVIA, publicly announced its plan to deploy a 1500 – satellite named CUSKO – E – TM around Earth to provide affordable global broadband communications services. The constellation featured two revolutionary technologies never previously used in spaceflight: its satellites were propelled by monostazine, a newly developed "green propellant" replacing the toxic hydrazine; and it was the first constellation to use an autonomous attitude and orbit control system (AOCS) reminiscent of self – driving cars.

In April 2025, CUSKO filed for a license under the PROCLIVIAN Space Act, requesting authorization to launch and operate the CUSKO – E – TM constellation. The PROCLIVIAN authorities declined to authorize CUSKO to launch and operate the CUSKO – E – TM constellation because of the novel automated operations concept, the novel propellant and the uncertainties associated with a self – operating fleet of satellites.

CUSKO turned to the small neighboring island State of ASTERIA, which at that time had not enacted a national space law. Allured by the prospects of publicity and tourism interest in the wake of CUSKO' s "green space technology revolution", the ASTERIAN authorities invited CUSKO to relocate to ASTERIA, in exchange for exempting CUSKO from taxes and offering land to build company premises. CUSKO officially registered the company in ASTERIA and relocated its head office to its capital city Hayden. In June 2026, CUSKO launched and deployed the first CUSKO – E – TM satellites from its own ORAMI platform.

By December 2026, a total of 150 satellites had successfully been deployed in their intended orbital planes.

II. Dispute between PROCLIVIA and ASTERIA

In February 2027, The Discovery Journal reported that both the functioning of the monostazine – propelled engines and the SARASTRO system had raised concerns among the mission support experts of CUSKO. Concerned by the allegations, ASTERIA requested the CUSKO management to clarify any potential risks arising from the deployment and operation related. The reply asserted that the constellation did not pose any risk beyond those risks typically associated with any other space activities of that size and complexity but that, nevertheless, the SARASTRO software and the relative positioning of the satellites would be re – assessed and possibly reorganized to further improve safety. ASTERIA unilaterally publicly declared a "safety zone" requesting space actors intending to enter or cross that zone to submit advance information of their plans so as to avoid risk of collision.

Not satisfied by the information offered by CUSKO, ASTERIA turned to the PROCLIVIAN authorities to request a copy of all technical documentation that CUSKO had originally provided in April 2025 but remained unanswered. At a COPUOS session, ASTERIA become a State Party to the Liability Convention and repeated its information requirement.

In September 2028, PROCLIVIA launched and subsequently registered D. A. M. E. – 7T satellites equipped with the Waltzing Wizard, a ground – breaking collision avoidance system. In order to reach its designated quasi – polar orbit at 900 km altitude, the D. A. M. E. – 7T satellite had to cross the densely populated orbital zone utilized by the CUSKO – E – TM constellation.

PROCLIVIA did not inform ASTERIA of the exact satellite trajectory of D. A. M. E. – 7T nor of its novel collision avoidance system, and ASTERIA did not provide any information to PROCLIVIA on the final configuration of the constellation and programming parameters of the SARASTRO software. In the process of crossing the orbital which was populated by CUSKO – E – TM satellites, a cascade of catastrophic events happened.

On 15th September 2028, D. A. M. E. -7T collided with a CUSKO - E - TM satellite, causing the destruction of both spacecraft. While part of the resulting debris cloud remained at its orbital altitude, several large fragments of the D. A. M. E. - 7T satellite including its plutonium battery were propelled by the collision to a perigee of approximately 400 km. Since the satellite had been placed in a quasi - polar orbit to overfly the Earth's poles, that debris, after having re - entered the atmosphere without entirely burning up, eventually crashed into the Uvavian Ice Shelf in Antarctica in October 2033, breaking up on impact and thus resulting in the spread of plutonium on the Antarctic surface close to where PROCLIVIA had been conducting its scientific studies. The spectacular loss of D. A. M. E. - 7T together with the radioactive pollution brought an abrupt end to the decades - long uninterrupted scientific investigations by PROCLIVIA in Antarctica, where it eventually had to close down its two research stations, SEEKER - I and SABERT - V.

III. PROCLIVIA's claims

(1) ASTERIA violated international law by not authorizing and continuously supervising the space activities of CUSKO.

(2) ASTERIA is liable under international law for the loss of the D. A. M. E. - 7T satellite and PROCLIVIA is not liable under international law for the loss of the CUSKO satellite.

(3) ASTERIA is internationally responsible for impeding PROCLIVIA's exercise of the freedom of scientific investigation under both the Outer Space Treaty and the Antarctic Treaty.

SUMMARY OF ARGUMENT

Ⅰ. ASTERIA violated international law by allowing CUSKO to carry out space activities without approval and continuous supervision

A. The major sources of international law on outer space can be binding on ASTERIA.

B. ASTERIA shall be responsible for the launch of CUSKO – E – TM satellites by CUSKO.

C. ASRERIA violated international law by failing to fulfill launching state' s obligation of approval, license and continuous supervision.

Ⅱ. Under international law ASTERIA is liable for the loss of the D. A. M. E. –7T satellite and PROCLIVIA is not liable for the loss of the CUSKO satellite

A. ASTERIA shall be liable for the loss of the D. A. M. E. –7T satellite under international law.

B. PROCLIVIA is not liable under international law for the loss of the CUSKO satellite.

Ⅲ. ASTERIA is responsible for impeding PROCLIVIA' s exercise of the freedom of scientific investigation under both Outer Space Treaty and Antarctic Treaty

A. ASTERIA is internationally responsible for violating its continuing supervision of non-governmental activities in outer space under Article Ⅵ of the Outer Space Treaty.

B. ASTERIA is internationally responsible for the ending of decades-long uninterrupted scientific investigations by PROCLIVIA in Antarctica under the Antarctic Treaty.

C. ASTERIA violated the principle of international cooperation.

ARGUMENT

I. ASTERIA violated international law by allowing CUSKO to carry out space activities without approval and continuous supervision

A. The major sources of international law on outer space can be binding on ASTERIA

A (1) Any country should abide by its international obligations

The basic rights of a State include independence, equality, self-defense and jurisdiction. When the independence and jurisdiction are embodied in the field of outer space, it means that the State has the right to independently decide whether to carry out space activities and to exercise jurisdiction over it. It is one of the important obligations of a State to abide by international law and not to infringe upon the legitimate rights and interests of other countries. ① In terms of outer space activities, it means that the State should abide by a series of international law sources in the field of outer space, and permit and supervise the outer space activities. Therefore, while ASTERIA enjoys the right to carry out outer space activities, it also needs to abide by and fulfill the corresponding international legal obligations in the field of outer space, such as licensing, supervision and registration.

---

① Wang Tieya, Introduction to International Law, Peking University Press, 1998.

The term "source of international law" is explicitly stipulated in international treaties. The preamble to the 1945 Charter of the United Nations states that "respect for obligations arising from treaties and other sources of international law" . The 1969 Vienna Convention on the law of treaties explicitly requires States parties to recognize "treaties as one of the sources of international law" . Article XXXVIII of the statute of the International Court of justice in 1945, as an authoritative statement of the sources of international law, once again stipulates the three sources of international law: Treaty, international custom and general principles of law. The source of international law in the field of outer space is of great significance to guide all countries to carry out outer space activities. In this case, ASTERIA, as a State party to the Charter of the United Nations, should abide by the source of international law and basic State obligations.

A (2) A series of United Nations international space laws have formed the source of international law in the field of outer space

In the past few decades, international space legislation has gone through a long and bumpy road of development. Since the Soviet Union launched the first man-made satellite, the United Nations and its relevant agencies have been designing solutions to various problems in outer space, concluding five outer space treaties and adopting five outer space declarations. They have constructed the basic framework and outline of human space law from the system framework, and have made quite binding legal norms for human space activities in the macro sense. ① In many years of space exploration, they has become the main sources of international space law.

For all countries to be able to explore outer space legally, there must be a basic legal framework. The development of space law in the past few decades has resulted in five international treaties, many General Assembly resolutions and the public works of authoritative writers on this subject, which in turn become the

① Song Jinyu, On the Construction of China' s Space Legislation System Under the Trend of Space Commercialization. D922. 296.

source of international law in the field of outer space. ① As a member of the Charter of the United Nations and the responsibility convention, ASTERIA has not formally ratified and acceded to the Outer Space Treaty through domestic procedures, nevertheless the principles and relevant provisions of peaceful exploration and utilization of outer space, free exploration, international cooperation and other relevant provisions stipulated in the Outer Space Treaty have been recognized and observed by the vast majority of countries. Unless a State demonstrates by its continued conduct that it does not accept the principles established in certain outer space treaties, no parties will also be bound to a large extent by customary international law based on the Outer Space Treaty. ②

Outer space law system includes the hard law system represented by the 1967 outer space treaty and other international treaties, and the soft law system formed by the resolutions adopted by the intergovernmental organizations represented by the 1963 outer space declaration. These international treaties and resolutions of the outer space field are the basic guidance documents for all UN member States to carry out space activities. The series of UN international space treaties ensure that outer space remains open for exploration and use for peaceful purposes, and contribute to the maintenance of the safety, security and sustainability of the outer space environment③, which further explains the universality of UN international space treaties as the main sources of international law.

The series of UN international space treaties, represented by the Outer Space Treaty, have formed the source of international law for each country to carry out outer space activities, which can regulate and evaluate the space activities of vari-

---

① Biswanath Gupta Raju KD, Understanding International Space Law and the Liability Mechanism for Commercial Outer Space Activities—Unravelling the Source, 2019 Indian Council of World Affairs (ICWA) Reprints and permissions: in. sagepub. com/journals - permissions - india.

② Gao Guozhu, The State Responsibility of Outer Space Activities, Global Law Review, 2008 (04), p. 22.

③ Simonetta Di Pippo and Yukiko Okumura, Reflections on the 50th Anniversary of the Outer Space Treaty, UNISPACE + 50, and Prospects for the Future of Global Space Governance, Space Policy Volume 47, February 2019, p. 28 - 33.

ous countries. According to the practice of various countries and the views of scholars, a series of UN space laws with the Outer Space Treaty as the core have already possessed the force and status of international customary law in the field of space activities, and ASTERIA has signed the Outer Space Treaty. Obviously, there is no situation that its persistent behavior indicates that it does not accept the jurisdiction of the Outer Space Treaty, and other international space treaties in UN space law can be applied for the same reason. Therefore, a series of international space law sources with the Outer Space Treaty as the core can be applied to regulate and evaluate ASTERIA' s outer space activities.

B. ASTERIA shall be responsible for the launch of CUSKO – E – TM satellites by CUSKO

Articles VI①and VIII② of the Outer Space Treaty provide that the activities of non – governmental organizations in outer space shall be subject to the approval of the State having jurisdiction over it. In terms of international space law, even if non – governmental entities participate in space activities due to the entry of private capital, the main body of space activities is still the State, which exercises the continuous supervision and management power to the domestic practitioners and directly undertakes the international responsibility externally. ③ Some scholars deem that the series of UN space treaties made a new development, so it changed from a provision that only binds the parties to a treaty to a general international law that binds all States. ④

Article VI of the Outer Space Treaty stipulates that the activities of non – governmental entities in outer space shall be ratified and continuously supervised by the States concerned. Therefore, private enterprises 1) must be approved and continuously supervised by the State concerned, and 2) the countries concerned

---

① Outer Space Treaty, Arlicle VI.

② Outer Space Treaty, Arlicle VIII.

③ Li Shouping, Commercial Use of Outer Space and China' s Countermeasures, Journal of Beijing University of Technology (SOCIAL SCIENCE EDITION), No. 1, 2013. p. 99 – 106.

④ Cheng Bin, Studies in International Space Law, Clarendon Press, Oxford, 1997, p. 641.

should bear international responsibility for all activities of the private enterprises. ① The authorities of ASTERIA invited CUSKO to settle in its boundary, claiming to exempt CUSKO from tax and providing it with office space for land construction companies. In December 2015, CUSKO officially settled and registered in ASTERIA and moved its headquarters to Hayden, the capital of the country. The site of satellite launching for CUSKO is within ASTERIA' s exclusive economic zone. Although the exclusive economic zone does not belong to the territory of country a in a strict sense, ASTERIA still has certain management and control rights over its exclusive economic zone, including licensing and management of satellite launching in its exclusive economic zone. Otherwise, CUSKO does not need to turn to ASTERIA after the authorities of PROCLIVIA refuse to grant permission to launch its satellite, because it will be more convenient for CUSKO to launch directly in the exclusive economic zone of PROCLIVIA.

According to the definition of "launching State" in Article I (c) of the Liability Convention②, The term "launching State" means: (i) A State which launches or procures the launching of a space object; (ii) A State from whose territory or facility a space object is launched. In the process of space activities belonging to non – governmental entities, the relevant countries should be regarded as "launching States", that is, the subject of international responsibility. ③ A series of actions of ASTERIA in the process of helping CUSKO carry out outer space activities obviously conform to the definition of launching State, so ASTERIA should be responsible for the outer space activities carried out by CUSKO. Professor Zheng Bin, an outer space jurist, pointed out, "any activity in outer space, whether governmental or non – governmental, is regarded as a governmental activity" . ④As the subject of responsibility in the field of outer space, ASTERIA has the obligation to license

---

① He Qizhi, Outer Space Law, Law Press, 1992, p. 251.

② Convention on International Liability for Damage Caused by Space Objects, Arlicle I (3) .

③ Yin Yuhai, Research on International Legal Liability of Aerospace Development, Beijing: Law Press, 2004, p. 85.

④ Zheng Bin, Subject of Liability for Damages in Space Activities, Journal of international law, 1968, (95): 548.

and supervise the space activities carried out by CUSKO.

In addition, although CUSKO has retained its satellite manufacturing plant and mission support center in PROCLIVIA, its satellite launch platform has been transformed from an oil drilling platform built in PROCLIVIA, which does not mean that CUSKO' s satellite launching behavior has any substantial connection with PROCLIVIA. From the perspective of PROCLIVIA' s refusal of authorization to launch satellites and the actual participants in the launch process, PROCLIVIA did not provide any substantive assistance to CUSKO. So PROCLIVIA is not the launching State of CUSKO' s outer space activities and should not be responsible for it.

C. ASRERIA violated international law by failing to fulfill launching State' s obligation of approval, license and continuous supervision

C (1) ASTERIA lacks corresponding approval procedures and licensing mechanisms for managing space activities

Article VI of the Outer Space Treaty makes it clear that States shall bear international responsibility for their activities in outer space, whether such activities are carried out by government departments or non – governmental departments. Since the responsibility of private activities in outer space is borne by the State, private participation in outer space activities should be permitted by the State and abide by the relevant provisions of the State. ① Therefore, ASTERIA should take necessary audit measures for the outer space activities carried out by CUSKO, and fully supervise its subsequent satellite operation.

License system of outer space activities is the key point of national management for space activities, which refers to the system in which State agencies review and decide whether to approve space activities undertaken by non – State entities and relevant institutions. In the absence of clear domestic legislation on outer space activities, ASTERIA did not fully fulfill the obligation of approval and licensing for CUSKO' s launch.

In the space law of major countries in the world, as well as the management

---

① Zhou Liying, Legal Issues on Commercialization of Outer Space Activities. D999. 1.

systems of space managementactivities in other countries, there are basically license systems. ① Space law has a strong forward - looking, and the legally binding international conventions were mainly produced decades ago, which requires domestic space legislation to guide and manage the emerging space activities. As a result, many countries have developed their own domestic space law and constantly improve it. ② As for the domestic legislation of space commercial launch and space commercial transportation, which of the United States and Russia is relatively perfect. In 1984, the United States passed the space commercial launch act, Which provides a legal basis for the private entities of the United States to enter the field of space commercial launch.

Russia has a variety of laws and regulations governing space activities. According to the legislation of the Russian Federation, space activities without permission are illegal, as are space activities that deliberately fail to comply with the licensing requirements. While formulating the laws and regulations on the management of outer space activities, all countries restate their willingness to abide by international obligations in their domestic laws, which is a vivid manifestation of the implementation of International Space Law in national legislation. ③

The practice of various countries in carrying out outer space activities shows that the current system of State responsibility for private space activities under its jurisdiction or control is reasonable④, and it is necessary to establish an effective management mechanism and licensing mechanism for non - governmental and pri-

---

① National defense science and Technology Industry Commission, Comparative study on space law of major countries in the world, National Defense Science and technology industry soft science project report, 2003, p. 78.

② Wang Jing, Analysis on the Commercialization of Space Activities and its Legal System, 2001 (1), D999. 1.

③ Li Jingzhu, Zhao Haifeng, A Comparison of Licensing Systems for Space Activities. Journal of Beijing University of Technology (SOCIAL SCIENCE EDITION), Vol. 14, No. 4, Aug. 2012.

④ Sergio Marchisio, "International Legal Regime on Outer Space : Liability Convention and Registration Convention", in Proceedings of the United Nations / Nigeria Workshop on Space Law on Meeting International Responsibilities and Addressing Domestic Needs, Abuja, Nigeria, 2005, p. 20.

vate parties' space activities.

Article VI of the Outer Space Treaty and article V of the outer space declaration provided each country shall bear international responsibility for its own space activities, each country shall bear international responsibility for its own space activities. As a highly industrialized country, although PROCLIVIA has carried out many space activities and promulgated its own space law, it still refuses the authorization to CUSKO, because it is unable to qualitatively and quantify the risks associated with CUSKO' s space activities such as new automated operation and new propellant of the CUSKO – E – TM satellites.

ASTERIA has never carried out domestic space activities, and it does not understand the safety and feasibility of CUSKO' s new propellant and SARASTRO autonomous navigation software. Under this circumstance, it does not refer to other countries with experience in outer space activities to carry out certain review and regulation on CUSKO. Only because of the interest of "green space revolution" involved in CUSKO – E – TM satellites and its possible benefits, ASTERIA has given sufficient practical help to CUSKO' s launching behavior, which failes to fulfill the corresponding obligations of approval and permission of international space activities and violated international law.

C (2) ASTERIA failed to register and to disclose sufficient information on CUSKO' s space activities

Commercial activities in outer space carried out by a non – governmental entity are considered to be activities of the country to which the entity belongs. Similarly, the obligations of non – governmental entities for space activities should also be fulfilled through their countries, such as satellite registration, compensation for damages and so on. ① The 1975 Registration Convention was established to register space objects launched into outer space and to provide information to the United Nations Office for Outer Space Affairs (OOSA), which requires launching States

① Song Jinyu, On the Construction of China' s Space Legislation System Under the Trend of Space Commercialization. D922. 296.

to provide information on space objects in orbit to the United Nations. ① Article II of the UN Charter② and Article II of the Registration Convention③ stipulate the relevant registration system of the launching State and its obligation of reporting to the Secretary General of the United Nations.

In addition, Article XI of the Outer Space Treaty④ provides for a universal obligation in the conduct of outer space activities, that is, States shall make their best efforts to inform the United Nations and the public of specific information on their space activities, especially those of interest to other States parties. This obligation is supplemental to the registration obligation established in Article VIII of the Outer Space Treaty. ⑤ Although a State has not registered its space object, it still has the obligation to make international notification of the nature, method, location and results of its space activities. ⑥

In view of the continuous involvement of the private sector in space activities, it is necessary to establish a registration of the launch of domestic objects in order to retain the jurisdiction and control of the launching State over the space objects launched by its private enterprises. However, ASTERIA has not fulfilled its international obligations in this aspect.

As a launching State and a member of UN Charter, ASTERIA has not registered and disclosed information about CUSKO' s outer space activities at the UN Secretary General' s office, which is inconsistent with the relevant provisions of the registration treaty and the purposes of the treaty, violating international law. Meanwhile, ASTERIA needs to bear international responsibility for the possible space damage and other damages caused by the lack of review and registration.

---

① Biswanath Gupta Raju KD, Understanding International Space Law and the Liability Mechanism for Commercial Outer Space Activities—Unravelling the Sources, 2019 Indian Council of World Affairs (ICWA) Reprints and permissions: in. sagepub. com/journals – permissions – india.

② The United Nations Charter, Chapter XVI, Arlicle CII.

③ Convention on Registration of Objects Launched into Outer Space, Arlicle II.

④ The Outer Space Treaty, Arlicle XI.

⑤ The Outer Space Treaty, Arlicle VIII.

⑥ Long Jie, Legislative Aspects of the Registration System for Outer space Objects, Local Legislation Journal, 2019 (03) . p. 97.

C (3) ASTERIA failed its continuous supervision and management obligations for the space activities of CUSKO – E – TM satellites

The activities of non – governmental sectors in outer space are subject to national approval and regular supervision. The premise for the legitimacy of space activities carried out by non – governmental departments is that the State should bear the national responsibility for these activities. The responsibility of the State for outer space activities originates from its jurisdiction and control over its own entities, and the acquisition of control right is reflected in the licensing and supervision of these activities. ① Therefore, in order to enable CUSKO to carry out space activities legally, ASTERIA must take adequate licensing and supervision measures for it.

As the guideline of international space law, the Outer Space Declaration clearly requires that private entities' space activities should be approved by their governments, and then the Outer Space Treaty has formally established this rule. The outer space activities of private enterprises are regarded as the acts of the State which has jurisdiction over it, and the legal consequences arising therefrom shall be borne by the State. Therefore, many countries have issued laws and regulations on the supervision and administration of private enterprises' activities in outer space, such as the communication satellite act of 1962 of the United States.

According to article VI of the Outer Space Treaty and article V of the outer space declaration, whether for "ratification" or "continuous supervision", of which the purpose is to urge the State to fulfill its regulatory obligations, ensuring the safety of space activities, and ensuring that the damage caused by space activities can be compensated in a timely and effective manner. ② According to the report of The Discovery Journal, several satellites of CUSKO disappeared within weeks after deployment, and there were more than one unscheduled close coincidence event. This shows that ASTERIA has not fully understood and continuously

① Li Jinzhu, Zhao Haifeng, A Comparison of Licensing Systems for Space Activities, Journal of Beijing University of Technology (SOCIAL SCIENCE EDITION), Vol. 14 No. 4 Aug. 2012.

② Wang Guoyu, Yuan Jie, The Main Limitations and Effects of Outer Space Treaties on Space Activities, Space Debris Research, 2017 (01), p. 46 – 54.

supervised CUSKO' s core technology and autonomous operation mode in outer space activities, which leads to the existence of potential risks. This is contrary to the sense of responsibility and regulatory purpose emphasized in Article VI of the Outer Space Treaty and Article V of the outer space declaration.

At present, under United Nations Space Law, many countries in the world have established relevant regulatory systems for space activities through domestic laws, such as the commercial space act of the United States. In the regulation of space activities of rockets and satellites, the current regulatory methods include (annual, semi annual or quarterly) reports, notice of important matters, on-site inspection of facilities/ equipment, license amendment, cancellation and withdrawal and so on. ① In the absence of relevant domestic space laws, ASTERIA does not have any specific regulation and reporting measures for CUSKO, which lefts CUSKO' s outer space activities in a State of no guarantee and no clear regulation. Therefore, ASTERIA failed to fulfill its obligations of continuous supervision and management, which violated international law, and ASTERIA should bear international responsibility for the possible damage caused by CUSKO' s outer space activities.

Ⅱ. Under international law ASTERIA is liable for the loss of the D. A. M. E. -7T satellite and PROCLIVIA is not liable for the loss of the CUSKO satellite

A. ASTERIA shall be liable for the loss of the D. A. M. E. -7T satellite under international law

A (1) ASTERIA shall be liable for the damage to the D. A. M. E. -7T satellite based on general theories of international law

According to the general principles of international law, State responsibility

---

① Xu Aimin, Zhang Guoting, Preliminary Discussion On The Establishment of China' s Commercial Space Supervision System, Erospace China, 2019 (08), p. 43-45.

refers to the consequences arising from internationally wrongful acts, the international non – forbidden acts and the international crimes made by the subject of international law. ①

A (1) (a) A State shall bear responsibility for its internationally wrongful acts

A country' s failure to comply with an international obligation constitutes an internationally unlawful act, result in its international responsibility and thereby causing certain legal consequences for the country. ② A State shall bear international responsibility for its international wrongful acts③, which is a principle universally recognized by international community.

A (1) (a) (i) ASTERIA violated the obligations of authorization and supervision under Outer Space Treaty

Article VI of the Outer Space Treaty④ sets international responsibilities for activities of States and international organizations⑤, that launching State has the obligation to authorize and implement continuous supervision on its satellite. In practice, some countries have enacted legislations to regulate and supervise the space activities of private enterprises, such as the establishment of a licensing institution. ⑥ United Kingdom and Russia have stipulated inspection⑦and investigation⑧measures on aerial facilities, requiring the approver to provide information regularly. ⑨Some countries have also set up measures such as withdrawing, sus-

---

① Rene Provost, State Responsibility in International Law, Libraries of Essays in International Law, 188 (2002) .

② Jennings, Watts Revised: Oppenheim International Law, Volume 1, Wang Tieya translation, China Encyclopedia, 401 (1995) .

③ Shao Jin, International Law. 351 (2000) .

④ Outer Space Treaty, Article VI.

⑤ Cologne Review of Space Law, Volume Ⅰ: Outer Space Treaty. p. 178.

⑥ United States Communications Satellite Act, British Outer Space Act.

⑦ Section 5 para. 2 lit (c) United Kingdom Outer Space Act; and Arlicle 25 Russian Law about Space Activity.

⑧ Section 3 Swedish Act on Space Activities.

⑨ Gerhard, Michael, Nationale Weltraumgesetzgebung, Carl Heymanns, cologne, 2002; Section 10 Dunch Space Activities Act.

pending or changing the approval requirements. ①

As is demonstrated above, though the Outer Space Treaty has not formally ratified and acceded by ASTERIA, it can still bind on ASTERIA, and ASTERIA have to fulfill the responsibilities provided. In this case, prior to launch, ASTERIA did not carry out a systematic and thorough assessment of the operational risks, safety plans and environmental impacts of the constellation, making the existing risks unknown; After the launch, ASTERIA still had no domestic space law to regulate space activities, nor did it require CUSKO to report the actual operation of the constellation. It wasn' t until Discovery magazine uncovered several CUSKO' s anomalies that ASTERIA realized security risks. Even so, it didn' t report deeper technical problems or make any substantive efforts to obtain specific operational information related to the constellation. ② Given the facts above, ASTERIA violated the obligations under Outer Space Treaty and shall bear international responsibility for its wrongful acts.

A (1) (a) (ii) ASTERIA violated the principles of international cooperation by providing no related information

The principle of international cooperation, a basic principle of international law, embodies the purposes and principles of the UN Charter③, and it is part of international mandatory laws, which all countries must abide by. In aviation field, the full potential of space applications can only be realized in international cooperation. ④ The features of outer space activities such as high - investment and high - risk also make cooperation a necessity. ⑤Article Ⅲ and VI of the Outer Space Treaty clearly stipulates that space activities should be guided by the principles of cooperation and mutual assistance, with due regard to the corresponding interests

① Section 4 Swedish Act on Space Activities; Section 6 para. 2 United Kingdom Outer Space Act.

② Compromis, para. 4, 9.

③ UN Charter, Article I.

④ Marietta Benko and Kai - Uwe Schrogl, Current Problems and Perspectives for Future Regulation. Eleven International Publishing, 2005, p. 68.

⑤ Zhao Yun, Application of the Principles of International Cooperation in Outer Space Activities: Form and Entity Requirements, The International Space, vol 1 (2015) .

of other States. ①

The principle of international cooperation here needs to be embodied in some more concrete rules. ② Article XI of the Outer Space Treaty goes further, requiring the launching State to "inform the Secretary - General of the United Nations as well as the public and the international scientific community, to the greatest extent feasible and practicable, of the nature, conduct, locations and results of such activities" . ③ Information exchange is put as the key element in the process of peaceful and smooth cooperation internationally, which is in line with the urgent need to enhance the transparency and reliability of outer space. ④ This general obligation has been more clearly defined in article IV of Registration Convention⑤ and article IV of the Principles Relevant to the Use of Nuclear Power Sources in Outer Space. ⑥ In this case, ASTERIA didn' t inform the Secretary - General of the UN of any information related to its space activities, so ASTERIA failed to fulfill the related obligations.

In addition, ASTERIA and PROCLIVIA once signed Orokanga Agreement on

① Outer Space Treaty, Article Ⅲ, Ⅵ.

② Cologne Review of Space Law, Volume I: Outer Space Treaty, p. 296.

③ Outer Space Treaty Article XI.

④ Cologne Review of Space Law, Volume I: Outer Space Treaty, p. 345.

⑤ Convention on Registration of Objects Launched into Outer Space, Article IV: 1. Each State of registry shall furnish to the Secretary - General of the United Nations, as soon as practicable, the following information concerning each space object carried on its registry: (a) name of launching State or States; (b) an appropriate designator of the space object or its registration number; (c) date and territory or location of launch; (d) basic orbital parameters, including: (i) nodal period; (ii) inclination; (iii) apogee; (iv) perigee; (e) general function of the space object.

⑥ Principles Relevant to the Use of Nuclear Power Sources in Outer Space, U. N. Doc. A/RES/47/68 (Dec. 14 1992), Article IV : Pursuant to Article XI of the Treaty on Principles Governing the Activities of States in the Exploration and Use of Outer Space, including the Moon and Other Celestial Bodies, the results of this safety assessment, together with, to the extent feasible, an indication of the approximate intended time - frame of the launch, shall be made publicly available prior to each launch, and the Secretary - General of the United Nations shall be informed on how States may obtain such results of the safety assessment as soon as possible prior to each launch.

State – to – State relations and scientific cooperation①, aimed at satisfying different purposes and interests and forming a general relationship between each other or a transaction on specific matters. ② Therefore, it is a contractual treaty rather than a law – making treaty which binds on two countries. Both shall develop friendly co-operation in the field of science to the fullest extent possible. PROCLIVIA has been advertised several months before its launch and ASTERIA was supposed to know about this while providing no information on the final configuration and the SARASTRO software programming parameters after adjusting the satellite technical parameters③, which violated the spirit of international cooperation.

A (1) (b) A State shall be liable for the damages caused by international unprohibited acts

The liability of compensation for damage caused by an internationally unprohibited act does not depend on the wrongfulness of the act, but on the objective damage, which put the efficient protection of the victim as the first consideration. ④ That is, whenever some transboundary damage has been caused, especially concerning the peaceful use of nuclear materials, aerospace activities, and ocean – going oil transport, whether the act is legal or illegal, the State related shall be responsible for compensation. ⑤

To ASTERIA, the launch of space objects and the exploration of outer space do not violate international law, even a booster to its economic and social development. However, since damage was caused, bringing serious loss to other country, it shall bear the international responsibility and compensate for the damage of D. A. M. E. – 7T satellite.

---

① Compromis, para. 3.

② Zhou Gengsheng, International Law, p. 109.

③ Compromis, para. 13.

④ Marietta Benko and Kai – Uwe Schrogl, Current Problems and Perspectives for Future Regulation. Eleven International Publishing, 2005, p. 93.

⑤ Canling Lin, State Liability for Injurious Consequences Due to acts Not Prohibited By International Law.

A (2) ASTERIA shall be liable for the damage to the D. A. M. E. -7T satellite under Liability Convention

A (2) (a) Damages in this case shall comply with the principle of fault liability according to Liability Convention

Based on the place where damage occurred, Article II① and III ② of Liability Convention provides for two kinds of liabilities of the launching State for damage caused by space objects—absolute liability and fault liability respectively. In this case, collision occurred in outer space③, thus the determination of liability should base on the principle of fault liability. An Act may be deemed as fault as long as it violated international obligations. ④ In practice, the principle of fault liability has been fully supported. The case that Canada claimed the Soviet Union to compensate for of loss of space debris applied this principle. ⑤ The International Court of Justice affirmed the principle of "no fault, no responsibility" in the Corfu Channel case in British v. Albania in 1949. ⑥

Firstly, damage caused by collision is objective.

Secondly, there existed unlawful acts in ASTERIA' s outer space activities. As is mentioned above, the country failed to fulfil its obligations under the Outer Space Treaty of approving and continuous monitoring of its satellites; It violated the principle of international cooperation by not providing related useful information of CUSKO satellite.

Finally, there is a causal link between ASTERIA' s fault and the damage of D. A. M. E. -7T satellite. ASTERIA launched CUSKO satellite in haste while did

---

① Liability Convention, Article II: A launching State shall be absolutely liable to pay compensation for damage caused by its space object on the surface of the earth or to aircraft in flight.

② Liability Convention, Article III: In the Event of Damage Being Caused Elsewhere than on the Surface of the Earth to a Space Object of one Launching State or to Persons or Property on Board Such a Space Object by a Space Object of Another Launching State, the latter shall be liable only if the damage is due to its fault or the fault of persons for whom it is responsible.

③ Compromis, para. 15.

④ He Qizhi, Outer Space Law, Legal Press, p. 78.

⑤ Hobe, Stephan, Legal Aspects of Space Tourism, 86 Neb. 1. Rev, Issue 2 (2007) .

⑥ Corfu Channel Case (U. K. V Albania), 1947 - 1949.

not access the operational risk and environmental impact ahead, making the risks and defects of the CUSKO satellite group unknown. ASTERIA' s failing to supervise the operational conditions made it impossible to take control of it, which greatly increased the uncertainty of this outer space activity. As ASTERIA did not provide PROCLIVIA with information on the final configuration of the CUSKO constellation and the SARASTRO software programming parameters, the D. A. M. E. -7T satellite carried out an emergency escape operation in the absence of relevant information, resulting in the collision.

A (2) (b) The destruction of the D. A. M. E. -7T satellite falls within the scope of damages in Liability Convention

With regard to the scope of damages, article I of the Liability Convention defines it as "loss of life, personal injury or other impairment of health; or loss of or damage to property of States or of persons, natural or juridical, or property of international intergovernmental organizations". ① The "damage" above is limited to personal damage and property damage directly caused, and does not include damage caused to air space, such as environmental damage. ② However, the case of the nuclear-powered satellite "Cosmos 954" and 1992 Principles on the Use of Nuclear Power Sources in Outer Space demonstrates that compensation for damage caused by space objects should include ecological and environmental considerations.

In this case, collision caused directly serious material damage, which belongs to the scope of damages in Liability Convention and does not belong to exceptions stipulated in article Ⅶ. ③

A (3) ASTERIA shall be liable for the damage to the D. A. M. E. -7T satelliteunder general principles of civil law

In general theories of civil law, fault plays an important rolein determining liability. In modern society, sometimes it becomes difficult to prove the fault or ille-

---

① Liability Convention, Article I.

② Li Shouping, Zhao Yun, Monograph on Outer Space Law, GuangMing Daily Press, p. 75.

③ Liability Convention, Article Ⅶ.

gality in damage caused by industrial production and dangerous operations, making the judgment of causal relationship quite confusing. If the innocent victims don't get effective remedy, the victim's normal life will be seriously affected and the basic value of law would be violated. ① Thus exists the strict liability system where fault is no longer important, making the determination of liability easier, strengthening the protection of victims to a certain extent. ②

In aerospace field, when accident happens, sometimes it is difficult to identify the fault of one party, while the rights of victims should be guaranteed. Therefore, strict liability applies. When there is damage, there is compensation. In this case, the constellation launched by ASTERIA caused serious damage to the State property PROCLIVIA and its right to implement scientific investigations. ASTERIA is supposed to bear the responsibility to make compensation to PROCLIVIA.

B. PROCLIVIA is not liable under international law for the loss of the CUSKO satellite

B (1) According to the Outer Space Treaty, the space activities of PROCLIVIA were legitimate and rightful

Pursuant to article I of the Outer Space Treaty, all States have equal right to explore and use the outer space. ③ PROCLIVIA registered and launched the government-led development satellite D. A. M. E. -7T as the core part of the country's scientific plan around Antarctica and surrounding areas④, which was legitimate and exercise of its right of exploration and utilization.

Article I of the Outer Space Treaty also requires countries to use outer space on the basis of international cooperation and non-discrimination as well as take the interests of other countries into consideration. The launch and subsequent operation of D. A. M. E. -7T satellite, though, is part of PROCLIVIA's scientific

---

① Wang Liming, The Construction of China's Tort Liability Legal System, China Legal Science, 2008 (4).

② Wang Zejian, The Law of Tort. Volumn. 1, China University of Political Science and Law press, 2001, p. 34.

③ Outer Space Treaty, Article I.

④ Compromis, para. 10.

program around Antarctica, but it may facilitate the development and reform of space technology around the globe, which benefit humankinds in the long run.

B (2) PROCLIVIA had fulfilled its obligations as launching State of D. A. M. E. –7T satellite

B (2) (a) PROCLIVIA had fulfilled its obligations of registering and providing related information under the Registration Treaty

Firstly, it is apparent in this case that registration of the D. A. M. E. –7T satellite was implemented by PROCLIVIA prior to launching.

Secondly, PROCLIVIA had advertised its mission several months ahead of launch as opening "a new era of discovery, seventy (7T) years after the IGY". ① This kind of advertising can be seen as the spread of information related. Therefore, it can be inferred that the Secretary – General of the United Nations as well as the public and international scientific community were informed of the related information about its satellite, including the date, territory or location of launch, nodal period, inclination and so on, which met the obligation pursuant to the article II and IV of Registration Treaty. ②

B (2) (b) PROCLIVIA fulfilled the obligation to authorize under the Outer Space Treaty

PROCLIVIA is a highly industrialized country with domestic space law. According to PROCLIVIAN Space Act, an assessment of the overall operational risks, safety plans and environmental impacts of non – government space activities shall be carried out in advance. ③ Thus, it can be inferred that, the D. A. M. E. –7T satellite was bound to go through a rigorous review and evaluation process prior to official launch, to ensure the safety of its activities.

B (2) (c) PROCLIVIA paid due regard to the safety of its space activities

With the intention of decreasing the colliding risks, PROCLIVIA provided related information from CUSKO's failed licensing application to Endeavor—the

---

① Compromis, para. 10.

② Registration Treaty, Article II: When a Space Object is Launched into Earth Orbit or Beyond, the launching State shall register the space object by means of an entry in an appropriate registry which it shall maintain.

③ Compromis, para. 2.

developer of the Waltzing Wizard system, including three copies of the original technical evaluation. ① Waltzing Wizard system was supposed to input CUSKO satellite information, and there would be no collision happened under normal operations.

B (3) There exists no causal link between the damage of CUSKO satellite and space activities carried by PROCLIVIA

B (3) (a) ASTERIA' s failing to fulfil its obligations under international law ultimately caused damage

ASTERIA knew the space activities carried out by PROCLIVIA, while provided no information about the final configuration and SARASTRO software programming parameters, resulting in the collision of two satellites without data from each other. If ASTERIA had actively fulfilled its information - sharing obligations and proceeded international negotiation and cooperation with PROCLIVIA, the D. A. M. E. - 7T could have passed through the preset orbit without interference and this collision could have been avoided.

B (3) (b) The technological immaturity and system defects of CUSKO satellite group are also important elements for the damage

As a country with a developed space industry and relatively complete space law, PROCLIVIA once rejected CUSKO' s launching application in 2025, which indicated to some extent that the technologies used in CUSKO - E - TM satellite group were not yet mature, and it may bring uncertainty to the outer space activities. While lured by the benefits brought by the space activity, ASTERIA still welcomed CUSKO firm to relocate to its land after knowing its' being refused.

In addition, the accidents reported by Discovery magazine were also indicators. Therefore, risks and losses caused thereby should be borne by ASTERIA itself and PROCLIVIA should not be responsible for the fault of the other party.

---

① Compromis, para. 12.

Ⅲ. ASTERIA is responsible for impeding PROCLIVIA's exercise of the freedom of scientific investigation under both Outer Space Treaty and Antarctic Treaty

The international responsibility of a State derives from its internationally wrongful acts. If that State's acts violated its obligations under international law, it must bear international legal responsibility for it. This is a fundamental principle of international law, and the RSIWA ①makes clear the purpose from the very beginning. ②That is to say, a State is in breach of its obligations under the primary rule and will therefore bear the legal consequences under the secondary rule. ③ ASTERIA's conduct constitutes a violation of the Outer Space Treaty, the Antarctic Treaty and the principles of International Cooperation, therefore, ASTERIA must bear corresponding international responsibility for its internationally wrongful acts.

A. ASTERIA is internationally responsible for violating its continuing supervision of non – governmental activities in outer space under Article Ⅵ of the Outer Space Treaty

Article I of the Treaty grants the freedom of scientific investigation in outer space and on celestial bodies. ④ D. A. M. E. –7T was used for the Antarctic scientific investigations. However, ASTERIA, as the launching State, did not fulfill the continuing supervision of CUSKO – E – TM, which led the collision between CUSKO – E – TM and D. A. M. E. –7T, and the scientific data conducted by PRO-

---

① The International Law Commission's Draft Articles on Responsibility of States for Internationally Wrongful Acts.

② He Qizhi, Law of State Responsibility and Brief Analysis of Relevant Cases, Law Press China, 2003, p. 57.

③ Id. at 15.

④ Outer Space Treaty, Article Ⅰ para. 3.

CLIVIA was lost.① Thus, ASTERIA is responsible for impeding PROCLIVIA' s exercise of the freedom of scientific investigation as D. A. E. M -7T was unlawfully hit by CUSKO - E - TM under the Treaty.

A (1) The Outer Space Treaty is binding on ASTERIA

A (1) (a) ASTERIA, as a party to the UN Charter, must respect the existing international legal order

The final ninth paragraph of the Treaty' s Preamble appeals in a very general way to the conviction of all Treaty Parties that the following Outer Space Treaty would further the purposes and principles of the UN Charter, thus making it explicitly clear that the entire treaty is guided by the purpose and principles of the UN Charter. And ASTERIA is a party to the UN Charter and signed the Outer Space Treaty②, for which we can know that ASTERIA is willing to be bound by the treaty.

A (1) (b) Some rules from the Outer Space Treaty are the customary rules. Thus, ASTERIA should observed it

The first negotiations of the Committee in 1961 led to a unanimous adoption of UNGA Resolution 1721 (XVI) on 20 December 1961.③ This important Resolution laid down some fundamental principles, which formed the basis for the development of contemporary international space law. These principles included the governance of international law on outer space activities and the freedom of exploration and use of outer space and on celestial bodies. Moreover, a number of United Nations General Assembly (UNGA) Resolutions, like the Resolution on Direct Broadcasting for Satellites, on Remote Sensing of the Earth by Satellite, on the Use of Nuclear Power Sources etc might apply. These UNGA Resolutions are not legally binding, but reflect the opinio juris of States and are therefore of legal significance. Outer space legislation thus mainly consists of basic conventions. There is an insignificant number of customary rules, but a number of rules which in the

① Compromis, para. 4, 10, 16.

② Compromis, para. 19.

③ UNGA Res. 1721 (XVI), "International Cooperation in the Peaceful Uses of Outer Space", 20 December 1961.

form of UNGA Resolutions express opinio juris and can thus develop into customary rules. International Customary Law requires only one single constitutive element, namely, the opinio juris of States. ①ASTERIA, as a party to the UN Charter and a member of the United Nations General Assembly, has participated in many UNGA' s votes. and ASTERIA has signed the Outer Space Treaty②, all the things shows that ASTERIA expressed an explicit opinio juris. Therefore, ASTERIA is bound by the Outer Space Treaty.

A (2) ASTERIA didn' t fulfill the obligation of continuing supervision of CUSKO – E – TM, which constitutes an internationally wrongful act

According to Article Ⅱ of the RSIWA③, there are two elements of an internationally wrongful act of a State: Firstly, the action is attributable to the State; and secondly, it constitutes a breach of an international obligation of the State. For the first element, ASTERIA, as the launching State, is the subject of international responsibility. ④

For the second element, as far as domestic law is concerned, CUSKO has regulatory obligations with regard to the satellite it launches. At the same time, from the aspect of International Law, ASTERIA, as the launching State of the satellite, also has a continuing supervision obligation.

Article VI sentence 2 from the Treaty⑤, requires the continuing supervision of non – governmental activities in outer space. It also indicates that the continuing supervision will be observed not only before an activity has begun, but also for the whole duration of the activity. In order to ensure continuing supervision, States have to provide adequate means for receiving information (whether or not the activity continues to be in conformity with the provisions set forth in the Treaty, continues to be safe etc), as well as other means for intervention or deterrence and pun-

---

① Cheng Bin, United Nations Resolutions on Outer Space: "instant" International Customary Law? 1997, Oxford Scholarship Online.

② Compromis, para. 19.

③ Supra note 71, Arlicle Ⅱ.

④ He Qizhi, Law of State Responsibility and Brief Analysis of Relevant Cases, Law Press China, 2003, p. 69.

⑤ Outer Space Treaty, Article Ⅶ, sentence 2.

ishment (in case of non - conformity or un - safeness etc). The ASTERIA government didn't conduct a thorough safety investigation and an assessment of the SARASTRO systems used in the CUSKO satellite, and ASTERIA didn't monitor the continued safety of the satellite cluster's activities. At the same time, in the case of satellite disappearance, ASTERIA not only didn't take measures, such as intervention, stop, punishment, but continued to allow CUSKO to manipulate. ① Hence, ASTERIA constitutes a breach of its obligation to "continuing supervision".

A (3) ASTERIA shall be internationally responsible for impeding PROCLIVIA's exercise of the freedom of scientific investigation under RSIWA

Article Ⅰ of the RSIWA doesn't make "damage" a separate requirement for international responsibility. Meanwhile, the wording of article Ⅰ doesn't preclude the sense that the wrongful acts contain "damage" to the other party. ② Therefore, whether PROCLIVIA's exercise of the freedom of scientific investigation was damaged or not, it doesn't prevent ASTERIA from assuming international responsibility. In Phosphates in Morocco case③, the Court emphasized in its judgment that when a State committed an internationally wrongful act against another State, "international responsibility was immediately established" between the two States. That is to say, ASTERIA's breach of its continuing supervision obligation resulted in the termination of PROCLIVIA's scientific investigation, which had already established international responsibility.

The State has an obligation under International Law to take "due care" to prevent private and illegal acts in the country from harming the legitimate rights and interests of foreign States or aliens, and if the State agency neglects its own administrative functions and doesn't perform its duty to prevent individual violations, resulting in the result of the damage, the State shall bear international responsibili-

① Compromis, para. 9.

② The International Law Commission's Draft Articles on Responsibility of States for Internationally Wrongful Acts.

③ PCIJ, Phosphates in Morocco Case, 1938, Compilation A/B, No. 74; Citations can be found at p. 25 - 26, p. 28.

ty for breaching the obligation of "due diligence". ① In Alabama Claims Arbitration (1872), The arbitration tribunal finally ruled by a vote of 4 to 1 that the United Kingdom failed to perform its neutral obligations with "due care" and compensated the United States with US $ 15 million. ② Similarly, due to the negligence of the ASTERIA, it failed to take effective measures to monitor the operation of CUSKO – E – TM. And CUSKO – E – TM was allowed to be launched in the exclusive economic zone of ASTERIA. However, ASTERIA didn' t take relevant judicial procedures. ③ In the Alabama arbitration case, the court held a view that the British government could not justify its actions on the grounds of the lack of appropriate legal methods. Similarly, Although ASTERIA didn' t have corresponding space law④, it cannot be used as a reason for not having relevant national law to refrain from reviewing the launching of CUSKO – E – TM. The activities in the outer space are extremely dangerous. ASTERIA' s failure to supervise it is a manifestation of irresponsibility to the entire international community. ⑤

Since the CUSKO – E – TM satellite featured two revolutionary technologies never previously used in spaceflight. Thus, its overall operational risks, safety plans and environmental impact reports should be rigorously reviewed. However, instead of substantively reviewing it, ASTERIA actively promoted its launch plans. ⑥ Hence, ASTERIA is internationally liable for breach its obligation of "due care".

---

① Li ShouPing, Responsibility of Modern International Law, Wuhan University Press, 2003, p. 74.

② Alabama Claims Arbitration 1872, in John Bassett Moore (ed.), History and Digest of the International Arbitrations to which the United States has been a Party, 1898.

③ Compromis, para. 4, 9, 14.

④ Compromis, para. 4.

⑤ Compromis, para. 16.

⑥ Compromis, para. 1, 2, 4.

B. ASTERIA is internationally responsible for the ending of decades -long uninterrupted scientific investigations by PROCLIVIA in Antarctica under the Antarctic Treaty

B（1）The conduct of PROCLIVIA' s scientific investigations in Antarctica is consistent with both the International law and the Antarctic Treaty

All States have the freedom to conduct scientific investigations in Antarctica under article Ⅱ of the Antarctic Treaty. ① The "freedom of scientific investigation" is preserved in article II of the Antarctic Treaty. It directs that signatories to the treaty can conduct scientific research of any kind anywhere in the Antarctic, without anybody else' s permission. ② PROCLIVIA established a scientific research station in Antarctica and launched D. A. M. E. -7T satellite for the monitoring of Antarctic scientific examination data. These acts are in full compliance with article II of the Antarctic Treaty, and PROCLIVIA lawfully exercise the right to freedom of scientific investigation.

B（2）ASTERIA infringe the national sovereignty of PROCLIVIA, because the right of exercise of freedom of scientific investigation is essentially within the scope of national sovereignty

In accordance with articles Ⅱ, Ⅳ of the Antarctic Treaty. ③ Although there is freedom to conduct science anywhere in Antarctica, what any country cannot do is lay claim to territory on the basis of its research efforts. Signatories that conduct research, and support those endeavors by building a base and infrastructure such as an airstrip, cannot use those actions as a basis of a claim while the treaty is in force. PROCLIVI requests that ASTERIA assume international responsibility for the damage of PROCLIVIA' s exercise of freedom of scientific investigation, which is based on the right to freedom of scientific investigation, not territorial sovereignty over Antarctica. Thus, PROCLIVIA' s request does not violate article IV of the Antarctic Treaty. Meanwhile, article Ⅱ of the Antarctic Treaty provides that

---

① Antarctic Treaty, Article II.

② Provided by The Conversation APA citation: What Any Country Can and Can' t do in Antarctica, in the Name of Science（2018, October 31）retrieved 28 October 2020, by Julia Jabour.

③ Antarctic Treaty, Article Ⅱ.

States have the right of exercise of freedom of scientific investigation①, which is essentially a kind of State right, and that States have the freedom to exercise the right to conduct scientific research in Antarctica, and it is up to the will of the State to decide how to exercise it. ASTERIA' s obstruction of PROCLIVIA' s exercise of freedom of scientific investigation constitutes, in essence, an infringement of the rights of PROCLIVIA, for which it is internationally responsible.

C. ASTERIA violated the principle of international cooperation

It is evident that according to article 42 of the Draft Articles on State responsibilityfor internationally wrongful acts adopted by the International Law Commission in 2001,② the injured State is entitled to invoke such State responsibility as the State whose rights and interests are directly affected by a violation of conventional or customary norms. ③ Thus, ASTERIA is internationally responsible for violating the principle of international cooperation.

C (1) The principle of cooperation is one of the general principles of international space law

The principle of cooperation has been further developed by the UNGA. ④ We can know that the principle of cooperation, as a fundamental principle in International Law, should be observed by all countries.

C (2) ASTERIA violated the principle of international cooperation and directly stopped PROCLIVIA' s scientific investigation

The main forms of international cooperation which have so far been established in the nuclear field and theprincipal safeguards which have been incorporated in them. It argues that the experience of international cooperation and control in both

① Antarctic Treaty, Article Ⅱ.

② UNGA Res. 56/83, Responsibility of States for Internationally Wrongful Acts, Annex, 28 January 2002.

③ Cf. Crawford, James, The International Law Commission' s Articles on State Responsibility: Introduction, Text and Commentaries, Cambridge University Press, Cambridge, 2002, p. 254, p. 276.

④ Hobe, Stephan/Schmidt - Tedd, Bernhard/Schrogl, Kai - Uwe (eds), Cologne Commentary on Space Law, Volume Ⅲ, Carl Heymanns, Cologne, 2015.

the military and peaceful uses of nuclear energy can provide valuable lessons in the regulation of the future exploration and exploitation of outer space, where the problems of dual use are likely to be equally complex. ①In the nuclear field, the form of the principle of International Cooperation includes that exchange of classified information regarding nuclear defense and nuclear weapons, save the bomb itself. ② Similarly, such an approach could be used in the field of outer space. That is to say, ASTERIA should promptly notify PROCLIVIA of possible damages when it found out there is a security risk in the CUSKO – E – TM.

The first sentence of article IX of the Treaty deals with the principle of cooperation, qualified by the element of mutual assistance and due regard for the corresponding interests of other States. Outer space is to be explored and used with due diligence. States are bound to ensure that the exercise of their rights and freedoms in outer space doesn' t interfere with, or compromise the safety of, space operations. To this end, States should avoid any measures aimed at hampering the space activities of other States. In this perspective, the freedom to use outer space means that a State is entitled to undertake activities that would not threaten the activities of other States.

In general, in the area of environmental protection and highly dangerousactivities, "the State' s commitment to take 'appropriate measures' or 'make appropriate efforts' to control or reduce transnational damage caused by its activities" is a universally recognized principle of the international community. ③ If PROCLIVIA informed ASTERIA of the technical information related to D. A. M. E. –7T, it also may not be possible to avoid the collision due to the safety hazards of the SARASTRO system used in CUSKO – E – TM and the immaturity of ASTERIA' s own space technology. However, as a highly industrialized and space technology highly developed country, if ASTERIA informed PROCLIVIA of the relevant information about CUSKO – E – TM satellite, then D. A. E. M –7T will be able to make rele-

① Cheng Bin, Studies in International Space Law: International Cooperation and Control: from Atoms to Space. 1997, Oxford Scholarship Online.

② UKTS No. 72 (1959), Cmnd. 859.

③ Mu Yaping, Zhou Jianhai, Wu Hui, The Theory of Contemporary International Law, Law Press, 1998, p. 188.

vant technical adjustments before launching, thus the collision will be effectively avoided. ①

SUBMISSIONS TO THE COURT

For the foregoing reasons, the PROCLIVIA (Applicant) respectfully requests the Court to adjudge and declare that:

1. ASTERIA violated international law by allowing CUSKO to carry out space activities without approval and continuous supervision;

2. ASTERIA is liable for the loss of the D. A. M. E. -7T satellite and PROCLIVIA is not liable for the loss of the CUSKO satellite under the international law;

3. ASTERIA is internationally responsible for impeding PROCLIVIA' s exercise of the freedom of scientific investigation under both the Outer Space.

Respectfully submitted,

____

Agent for the Applicant

Team 2011

① Compromis, para. 3.

第四章　第十七届国际空间法模拟法庭竞赛答辩方英文诉状（1）

MANFRED LACHS SPACE LAW MOOT COURT COMPETITION (2021)

Team NO. 2011

IN THE

INTERNATIONAL COURT OF JUSTICE

AT THE

PEACE PALACE, THE HAGUE

Case Concerning Mega – Constellations, Autonomous Space Operations and Freedom of Scientific Investigation

PROCLIVIA

(APPLICANT)

v.

ASTERIA

(RESPONDENT)

ON SUBMISSION TO THE INTERNATIONAL COURT OF JUSTICE

– MEMORIAL FOR THE RESPONDENT –

ASTERIA

Case Concerning Mega – Constellations, Autonomous Space Operations and Freedom of Scientific Investigation

PROCLIVIA

(APPLICANT)

v.

ASTERIA

(RESPONDENT)

"*The PROCLIVIA and the ASTERIA submit the following dispute to this Court by Special Agreement for Resolution without, Reservations, pursuant to article* 40 (1) *of the Statute of the International Court of Justice and the Jurisdiction of this Court thus extends to all matters referred to by the parties in accordance with article* 36 (1) *of the Statute of the Court.*"

TABLE OF AUTHORITIES

Treaties and Multilateral Agreements

Charter of the United Nations (enter into forceon October, 24. 1945).

Treaty on Principles Governing the Activities of States in the Exploration and Use of Outer Space, including the Moon and Other Celestial Bodies, 18 U. S. T. 2410, 610 U. N. T. S. 205 (enter into forceon January. 27, 1967).

Convention on Registration of Objects Launched into Outer Space, 28 U. S. T. 695, 1023 U. N. T. S. 15 (enter into force on September. 15, 1976).

Convention on the International Liability for Damage Caused by Space Objects, 24 U. S. T. 2389, 961 U. N. T. S. 15 (enter into forceon September. 1, 1972).

Vienna Convention on Civil Liability for Nuclear Damage, IAEA – INFCIRC/500 (enter into force on November. 12, 1977).

Books

He Qizhi, The Law of Outer Space (1992).

Stephan Hobe, et al., Cologne Commentary on Space Law, Vol. 1 Outer Space Treaty (Li Shouping trans., 2017).

Wang Tieya, Introduction to International Law (1998).

Wang Tieya, Public International Law (1995).

Liang Xi, International Law (2011).

H. Lauterpacht, International Law (1978).

Zhao Haifeng, Review of Outer Space Law (2006).

Matte N, Aerospace Law (1977).

Zhou Zhonghai, International Law (2007).

Li Shouping, System of Modern International Law Liability (2003).

Lan Brownlie, System of The Law of Nations State Responsibility (1983).

Zhou Chongsheng, International Law (2007).

Fu Jixi, Civil Liability And Compensation For Nuclear Damage (2003).

Articles

Noichim C. Promoting ASEAN Sace Cooperation. Space Policy, 2008, 24: 11.

Ma Xinmin: Development of Outer Space Law: Framework, Goal and Direction, International Law Research, 2015, (No. 2).

Xia Chunli. On the Legal Environment of International Cooperation for China Manned Space Station. Manned space, 2012, 18 (01): 6 – 10.

Lara L. Manzione, Multinational Investment in the Space Station: An Outer Space Model for International Cooperation, 18 Am. U. Int' l L. Rev. 507, 517 (2002).

Zhao Yun, Application of International Cooperation Principles in Outer Space Activities: Forms and Entities. International Outer Space (2015).

Gao Guozhu. Research on the Voluntary Registration System of Space Objects, Journal of CAAC Flight Academy (2008).

The Space Millenninm: Vienna Declaration on Space and Human Development, United Nation Conference on the Exploration and Peaceful Uses of Outer Space, Vienna, 19 – 30 July 1999.

Xiao Jun, Analysis of International Legal Rules for Space Object Re – entry (2017).

A. Hauriou, Les Dommages Indirectsdansles Arbitrage International, Yearbook of the International Law Commission (1989), Vol. II, part I, p. 27 – 28

Elena Iftime, Liability for Damage Caused by Dangerous Situations and Activities to the Environment, Procedia – Social and Behavioral Sciences, Volume 149, 2014, p. 417 – 423.

Cai Xianfeng, The Principle of Concentration of Liability in Civil Liability for Nuclear Damage, Contemporary Law, 2006 (04).

United Nations Documents and Resolutions

Declaration on International Cooperation in the Exploration and Use of Outer Space for the Benefit and in the Interest of all States, Taking into Particular Account the Needs of Developing Countries, G. A. Res. 51/122, 51 U. N. GAOR Supp. (No. 49) at 114, U. N. Doc. A/51/49 (Vol. I) (Dec. 13, 1996).

Report of The Second United Nations Conference on The Exploration and Peaceful Uses of Outer Space, U. N. Doc. A/CONF. 101/10. (Aug. 9 - 21, 1982).

Declaration on International Cooperation in the Exploration and Use of Outer Space for the Benefit and in the Interest of All States, Taking into Particular Account the Needs of Developing Countries. U. N. Doc. A/RES/51/122 (Feb. 4, 1997).

Recommendations on Enhancing the Practice of States and International Intergovernmental Organizations in Registering Space Objects. U. N. Doc. A/RES/62/101 (Jan. 10 2008).

Recommendations on National Legislation Relevant to the Peaceful Exploration and Use of Outer Space. U. N. Doc. A/RES/68/74.

Responsibility of States for Internationally Wrongful Acts, U. N. Doc. A/RES/56/83 (Jan. 28 2002).

Note verbale dated 24 August 1976 from the Permanent Mission of Canada to the United Nations addressed to the Secretary - General. ST/SG/SER. E/INF. 2 (Nov. 12 1976).

Establishment of a Registerunder the Convention on Registration of Objects Launched into Outer Space Note by the Secretary - General. ST/SG/SER. E/INF. 1.

Report of the International Law Commission on the work of its forty - seventh session, 2 May -21 July 1995, Official Records of the General Assembly, Fiftieth session, Supplement No. 10. U. N. Doc. A/50/10 (2 May -21 July 1995).

Note verbal dated 15 November 1996 from the Permanent Mission of the Russian Federation addressed to the Secretary - General, U. N. Doc. A/AC. 105/647 (Nov. 20 1996).

Note verbal dated 18 November 1996 from the Permanent Mission of the Russian Federation addressed to the Secretary – General, U. N. Doc. A/AC. 105/648 (NOV. 21 1996).

Guidelines on the Long – term Sustainability of Outer Space Activities, U. N. Doc. A/AC. 105/C. 1/L. 366 (July 17, 2018).

Miscellaneous

Representative of China states in the 48th UN General Assembly. Chinese Yearbook of International Law, 426 (1994).

The Corfu Channel Case. http://www. icj – cij. ory/icjw – www/icases/icc/icc_ isummaries/icc_ isummary_ 19480325. htm.

Yearbook of the International Law Commission, 1979, vol. 2, part 2, analysis at p. 122 et seq.

QUESTIONS PRESENTED

A. Whether PROCLIVIA violated international law by not cooperating and exchanging information that would have enabled ASTERIA to assess the risks posed by CUSKO – E – TM constellation, whilst it did not provide the copies of all technical documentation of CUSKO – E – TM constellation that CUSKO originally summited and the relevant information of D. E. M. A – 7T satellite trajectory and Waltzing Wizard system as the membership of the UN Charter and all five UN space treaties.

B. Whether under international law PROCLIVIA shall be liable for the damage to CUSKO and ASTERIA shall not be liable for the damage to D. A. M. E. – 7T, when 1) ASTERIA launched CUSKO satellites to provide affordable global broadband communications services, 2) D. A. M. E. – 7T satellite needed to cross the orbit which occupied by CUSKO satellites while did not take prevention measures or notify ASTERIA, 3) Two satellite collided and serious damage was caused to a CUSKO satellite.

C. Whether ASTERIA is not liable under international law for interruption of PROCLIVIA' s scientific investigation of Antarctica conducted from outer space, when 1) ASTERIA acted in accordance with the general principles of international law, 2) the interruption of the PROCLIVIA scientific investigation does not belong to the scope of the damage stipulated in the Convention, 3) PROCLIVIA violated the obligations, 4) PROCLIVIA is the operator of the D. A. M. E. -7T nuclear power source satellite.

STATEMENT OF FACTS

This caseis focused on three law claims of the dispute between PROCLIVIA and ASTERIA.

I. Background

In early 2025, the privately - owned CUSKO entity, registered in PROCLIVIA, publicly announced its plan to deploy a 1500 - satellite named CUSKO - E - TM around Earth to provide affordable global broadband communications services. The constellation featured two revolutionary technologies never previously used in spaceflight: its satellites were propelled by monostazine, a newly developed "green propellant" replacing the toxic hydrazine; and it was the first constellation to use an autonomous attitude and orbit control system (AOCS) reminiscent of self - driving cars.

In April 2025, CUSKO filed for a license under the PROCLIVIAN Space Act, requesting authorization to launch and operate the CUSKO - E - TM constellation. The PROCLIVIAN authorities declined to authorize CUSKO to launch and operate the CUSKO - E - TM constellation because of the novel automated operations concept, the novel propellant and the uncertainties associated with a self - operating fleet of satellites.

CUSKO turned to the small neighboring island State of ASTERIA, which at that time had not enacted a national space law. Allured by the prospects of publicity and tourism interest in the wake of CUSKO' s "green space technology revolution", the ASTERIAN authorities invited CUSKO to relocate to ASTERIA, in exchange for exempting CUSKO from taxes and offering land to build company premises. CUSKO officially registered the company in ASTERIA and relocated its head office to its capital city Hayden. In June 2026, CUSKO launched and deployed the first CUSKO - E - TM satellites from its own ORAMI platform. By December 2026, a total of 150 satellites had successfully been deployed in their intended orbital planes.

II. Dispute between PROCLIVIA and ASTERIA

In February 2027, The Discovery Journal reported that both the functioning of the monostazine - propelled engines and the SARASTRO system had raised concerns among the mission support experts of CUSKO. Concerned by the allegations, ASTERIA requested the CUSKO management to clarify any potential risks arising from the deployment and operation related. The reply asserted that the constellation did not pose any risk beyond those risks typically associated with any other space activities of that size and complexity but that, nevertheless, the SARASTRO software and the relative positioning of the satellites would be re - assessed and possibly reorganized to further improve safety. ASTERIA unilaterally publicly declared a "safety zone" requesting space actors intending to enter or cross that zone to submit advance information of their plans so as to avoid risk of collision.

Not - satisfied by the information offered by CUSKO, ASTERIA turned to the PROCLIVIAN authorities to request a copy of all technical documentation that CUSKO had originally provided in April 2025 but remained unanswered. At a COPUOS session, ASTERIA become a State Party to the Liability Convention and repeated its information requirement.

In September 2028, PROCLIVIA launched and subsequently registered D. A. M. E. - 7T satellites equipped with the Waltzing Wizard, a ground - breaking collision avoidance system. In order to reach its designated quasi - polar orbit at 900 km altitude, the D. A. M. E. –7T satellite had to cross the densely populated orbital zone utilized by the CUSKO – E – TM constellation.

PROCLIVIA did not inform ASTERIA of the exact satellite trajectory of D. A. M. E. –7T nor of its novel collision avoidance system, and ASTERIA did not provide any information to PROCLIVIA on the final configuration of the constellation and programming parameters of the SARASTRO software. In the process of crossing the orbital which was populated by CUSKO – E – TM satellites, a cascade of catastrophic events happened.

On 15th September 2028, D. A. M. E. –7T collided with a CUSKO – E – TM satellite, causing the destruction of both spacecraft. While part of the resulting debris cloud remained at its orbital altitude, several large fragments of the D. A. M. E. –7T satellite – including its plutonium battery – were propelled by the collision to a perigee of approximately 400 km. Since the satellite had been placed in a quasi – polar orbit to overfly the Earth' s poles, that debris, after having re – entered the atmosphere without entirely burning up, eventually crashed into the Uvavian Ice Shelf in Antarctica in October 2033, breaking up on impact and thus resulting in the spread of plutonium on the Antarctic surface close to where PROCLIVIA had been conducting its scientific studies. The spectacular loss of D. A. M. E. –7T together with the radioactive pollution brought an abrupt end to the decades – long uninterrupted scientific investigations by PROCLIVIA in Antarctica, where it eventually had to close down its two research stations, SEEKER – I and SABERT – V.

III. ASTERIA' s claims

(1) PROCLIVIA violated international law by not cooperating and exchanging information that would have enabled ASTERIA to assess the risks posed by a mega – constellation.

(2) PROCLIVIA is liable under international law for the loss of the CUSKO satellite and ASTERIA is not liable under international law for the loss of the D. A. M. E. –7T satellite.

(3) ASTERIA is not responsible under international law for any alleged interruption of PROCLIVIA' s scientific investigation of Antarctica conducted from outer space.

SUMMARY OF ARGUMENT

I. PROCLIVIA violated international law by not cooperating and exchanging information that would have enabled ASTERIA to assess the risks posed by CUSKO - E - TM constellation

A. PROCLIVIA violated the Purpose of Promoting International Cooperation, the Principle of International Cooperation, and the Principle of Cooperation and Mutual Assistance.

B. PROCLIVIA violated the obligations of disclosure in Outer Space Treaty, and of registration in Registration Convention.

C. PROCLIVIA violated the obligation of supervision in Outer Space Treaty, Liability Convention and Registration Convention as the launching state of CUSKO - E - TM constellation.

II. PROCLIVIA is liable under international law for the loss of the CUSKO satellite and ASTERIA is not liable under international law for the loss of the D. A. M. E. - 7T satellite

A. PROCLIVIA shall beliable for the loss of the CUSKO satellite under the liability of international wrongful acts.

B. PROCLIVIA shall be liable for the loss of the CUSKO satellite under the state liability of international unprohibited acts.

C. PROCLIVIA shall be liable for the loss of the CUSKO satellite pursuant to article III of the Liability Convention.

D. ASTERIA is not liable for the loss of the CUSKO satellite under international law.

III. ASTERIA is not responsible under international law for any alleged interruption of PROCLIVIA' s scientific investigation of Antarctica conducted from outer space

A. Under the Outer Space Treaty and the Liability Convention, ASTERIA is not liable for the interruption of PROCLIVIA' s scientific research activities using D. A. M. E. -7T.

B. In accordance with Outer Space Treaty, The Principles Relevant to the Use of Nuclear Power Sources in Outer Space, PROCLIVIA is liable for the interruption of PROCLIVIA' s scientific research activities using D. A. M. E. -7T.

C. PROCLIVIA' s claim that ASTERIA is internationally responsible for obstructing PROCLIVIA' s freedom of scientific investigation lacks legal basis.

ARGUMENT

I. PROCLIVIA violated international law by not co-operating and exchanging information that would have enabled ASTERIA to assess the risks posed by CUSKO - E - TM constellation

As a member nation, PROCLIVIA violated the United Nations Charter, the Outer Space Treaty, Liability Convention, Registration Convention, and the Principle of International Cooperation in Customary International Law by refusing to (1) cooperate and exchange relevant information that would help ASTERIA assess the risks CUSKO - E - TM constellation might posed, (2) provide necessary information about its exact satellite trajectory of D. A. M. E. - 7T nor the novel anti - collision system, (3) submit relevant information of D. A. M. E. - 7T in advance according to ASTERIA' s safety zone information submission system for collision avoidance.

Moreover, PROCLIVIA, as the launching State of CUSKO - E - TM constellation, violated the obligation of notify from Outer Space Treaty, the obligation of registration from Registration Convention, obligation of supervision from Liability Convention and Registration Convention.

A. PROCLIVIA violated the Purpose of Promoting International Cooperation, the Principle of International Cooperation, and the Principle of Cooperation and Mutual Assistance

A (1) PROCLIVIA violated the Purpose of Promoting International Cooperation of the United Nations Charter

As internationalization is the outstanding nature of outer space activities, it' s impossible for one to be completely independent during its exploration and utilization. Only actually performance the principle of international cooperation can parties realize the benefits among in the process comprehensively. ① In fact, space activities have shown how different countries, with widely varying political systems, levels of development, and culture can work together for mutual benefit. ② As the successful examples of the operational international communication and meteorological data systems. Promoting international cooperation is one of the great purposes of the United Nations, and stipulated by the article I③, and article II of Chapter I in the United Nations Charter, member States shall perform their obligations under this Charter in good faith. ④ Thus PROCLIVIA, as a State party has obligations to abide by the purpose of promoting international cooperation, which means PROCLIVIA should inform ASTERIA of satellite trajectory of D. A. M. E. -7T and its anti-collision system.

A (2) PROCLIVIA violated the Principle of International Cooperation in the Customary International Law and the Principle of Cooperation and Mutual Assistance in the Outer Space Treaty

The principle of international cooperation has been regarded as fundamentally important since the international legal system of this domain established. ⑤ It actually comes from the purpose of promoting international cooperation, and has eventually become part of the customary international law in outer space. ⑥ First of all, defined by the Charter, promoting international cooperation is the very elemental

① Wang Tieya: Public International Law, Law Press, 1995, p. 245.

② 51/122. Declaration on International Cooperation in the Exploration and Use of Outer Space for the Benefit and in the Interest of All States, Taking into Particular Account the Needs of Developing Countries.

③ UN Charter Chapter I, Article Ⅰ, para. 3, to achieve international cooperation in solving international problems of an economic, social, cultural, or humanitarian character, and in promoting and encouraging respect for human rights and for fundamental freedoms for all without distinction as to race, sex, language, or religion.

④ UN Charter Chapter I, Article Ⅱ, para. 2, all Members shall settle their international disputes by peaceful means in such a manner that international peace and security, and justice, are not endangered.

⑤ Noichim C, Promoting ASEAN Space Cooperation, Space Policy, 2008, 24: 11.

⑥ The Space Millennium: Vienna Declaration on Space and Human Development, The Third United Nations Conference on the Exploration and Peaceful Uses of Outer Space, Vienna, 19-30 July 1999.

value and purpose in the hierarchy of outer space law. ① It was then pullulated through a series of documents adopted by the United Nations General Assembly (hereunder the UNGA) . ② Ultimately, the Outer Space Treaty was the first time in a legal form that binds all States which explicitly agree to be bound③, to observe the principle of cooperation and mutual assistance in space – related activities. ④

Generally speaking, customary international law as the oldest source of international law, is made up of international practices and legal conviction. ⑤ The former requires sovereign states to repeat similar action consistently, while the latter argues that practices are accepted as law by international community. ⑥ Both in the connotation and form, numbers of specific provisions and international practices have repeatedly emphasized international cooperation' s promotion, like the arti-

---

① Ma Xinmin, Development of Outer Space Law: Framework, Goal and Direction, International Law Research, 2015, (No. 2) .

② Such as the Declaration on Promoting World Peace and Cooperation, Declaration on Principles of International Law Concerning Friendly Relations and Cooperation Among States In Accordance With the UN Charter etc. Quoted from Xia Chunli, On the Legal Environment of International Cooperation for China Manned Space Station, Manned space, 2012, 18 (01): 6 – 10.

③ Lara L. Manzione, Multinational Investment in the Space Station: An Outer Space Model for International Cooperation, 18 Am. U. Int' l L. Rev. 507, 517 (2002) .

④ Treaty on Principles Governing the Activities of States in the Exploration and Use of Outer Space, Article I.

⑤ Liang Xi, Iternational Law, Wuhan University Press, 2011. 8, p. 38.

⑥ H. Lauterpacht: International law International Law of H. Lauterpacht, Vol. 1, 1978, p. 61 – 68.

cle I①, article III②, and Article IX③ of Outer Space Treaty. Of course, it was highlighted by tons of provisions and refinements in other United Nations or outer space treaties. ④ Therefore, this principle of international cooperation has been accepted as a part of international customary law. ⑤

As stated above, every sovereign state ought to abide by the international law and fulfill its international obligations in good faith. PROCLIVIA refused to cooperating violated the purpose of promoting international cooperation of UN Charter, the principle of international cooperation in international customary law, and the Principle of Cooperation and Mutual Assistance in the Outer Space Treaty.

B. PROCLIVIA violated the obligations of notify in Outer Space Treaty, and of registration in Registration Convention

B（1）PROCLIVIA violated the obligation of notify in Outer Space Treaty

According to article XI of the Outer Space Treaty, States parties shall inform the United Nations Secretary General (hereinunder UNSG) as well as the public

---

① Treaty on Principles Governing the Activities of States in the Exploration and Use of Outer Space, Article I, stipulates that international cooperation in free scientific exploration of outer space shall be promoted and encouraged.

② Treaty on Principles Governing the Activities of States in the Exploration and Use of Outer Space, Article III, stipulates that international cooperation and understanding shall be promoted in the exploration and utilization of outer space activities.

③ Treaty on Principles Governing the Activities of States in the Exploration and Use of Outer Space, Article IX, stipulates that the principle of cooperation and mutual assistance should be taken as the criterion in the process of peaceful exploration and use of outer space.

④ For example, the Charter of the United Nations, in the form of a special chapter (Chapter IX, "international economic and social cooperation"), not only defines the specific contents of international cooperation and the specific measures to be taken to promote international cooperation (article 55), but also explicitly requires all countries in the world to promote international cooperation through cooperation with the United Nations and mutual cooperation (article 56). As a result, international cooperation has in fact become a code of conduct that must be followed by the main body of international law in the process of international exchanges.

⑤ Zhao Yun, Application of International Cooperation Principles in Outer Space Activities: Forms and Entities, International Outer Space, 2015, (1): 36 -39.

and the international scientific community of their space – related activities in the greatest practicability. ① Ever since the Russian' s Mars – 96②, it allows parties to provide UNSG the information on space – related activities during the pre – launch, launching and launched of nuclear – powered space objects, including the nature, conduct, locations and results of such activities, especially those issue or situation may impact other space activities or outer space, like the Mars – 96' s second ignition of the engine problem. ③

For the sake of international cooperation principle, and decreasing influences to others' space activities, ASTERIA set up, declaredand restated a safety zone mechanism publicly when CUSKO – E – TM constellation got into trouble. However, planning to have D. A. M. E. – 7T crossed the orbital zone of CUSKO – E – TM, PROCLIVIA yet notified relevant information of its satellite orbit and Waltzing Wizard system to none, which violated the provisions of the Outer Space Treaty on notify obligation.

B (2) PROCLIVIA violated the obligation of registration in Registration Convention

The registration system of space objects is of great importance in international space law. ④ And parties to the Registration Convention have obligations to register their space objects in an appropriate register it needs to maintain in accordance

---

① Treaty on Principles Governing the Activities of States in the Exploration and Use of Outer Space, Article XI.

② A/AC. 105/647 Note Verbale dated 15 November 1996 from the Permanent Mission of the Russian Federation addressed to the Secretary – General (Notification of the launch of Mars 96).

③ A/AC. 105/648 Note Verbale dated 18 November 1996 from the Permanent Mission of the Russian Federation addressed to the Secretary – General (Notification of the reentry of Mars 96).

④ In the field of space object registration, there are two kinds of registration systems, namely, the voluntary registration system under General Assembly resolution 1721 and the compulsory registration system under the Registration Convention. Quoted from: Gao Guozhu, Research on the Voluntary Registration System of Space Objects, Journal of CAAC Flight Academy, 2008 (No. 2).

with its article II① and article IV. ② The first note of establishing register dates back to 1976. ③ From then on, nations began to establish a registry of space objects launched into Earth orbit or beyond maintained by their domestic administrations under Registration Convention. ④ What' s more, to perform the principle of cooperation and mutual assistance, each State shall, as soon as practicable, provides UNSG with the information on each space object registered in its register. ⑤After formal registration, the UNSG shall maintain to record the information furnished and the information contained shall be fully open for public inspection. ⑥ Hereinbefore as the launching state of D. A. M. E. -7T, PROCLIVIA has a mandatory obligation to complete the registration of relevant information as soon as possible, for helping ASTERIA on benefitting from additional means and procedures that assist in the identification of space objects in accordance with the article VI of Registration Convention. ⑦

Noticed the poor condition of CUSKO - E - TM constellation, PROCLIVIA had never provided UNSG the essential attributes and functions of its satellite orbit and Waltzing Wizard system. Because the relevant information about D. A. M. E. -7T' s orbit parameters is the content of compulsory registration to Registration Convention, as a contracting State failing to fully furnish makes PROCLIVIA violate relevant provisions of registration.

---

① Convention on Registration of Objects Launched into Outer Space, Article II.

② Convention on Registration of Objects Launched into Outer Space, Article IV.

③ ST/SG/SER. E/INF. 2. Note verbale dated 24 August 1976 from the Permanent Mission of Canada to the United Nations addressed to the Secretary - General.

④ ST/SG/SER. E/INF. 1. Establishment of a Register under the Convention on Registration of Objects Launched into Outer Space Note by the Secretary - General.

⑤ The information on each space object registered in its register book are as follow without any limitation: (a) the name of the or most of the launching states; (b) the appropriate marking or registration number of the space object; (c) the date and territory or location of the launch; (d) the basic orbital parameters, including nodal period, inclination angles, apogees, and perigees; (e) General functions of space objects.

⑥ Convention on Registration of Objects Launched into Outer Space, Article III.

⑦ A/RES/62/101. Recommendations on Enhancing the Practice of States and International Intergovernmental Organizations in Registering Space Objects.

C. PROCLIVIA violated the obligation of supervision in Outer Space Treaty, Liability Convention and Registration Convention as the launching state of CUSKO – E – TM constellation

C（1）PROCLIVIA is the launching state of CUSKO – E – TM constellation

Concerning the definition of launching state of a space object, the Outer Space Treaty①, Liability Convention②and Registration Convention③ have made identical provisions. And the article V of Liability Convention④ makes it clear that a State launching a space object from its territory or facilities shall be regarded as a joint launching state. Based on the seven standards from COPUOS Legal Subcom-

---

① Treaty on Principles Governing the Activities of States in the Exploration and Use of Outer Space, article VII stipulates the regulatory responsibility, in other words, a contracting party that launches or causes to be launched an object, and uses its territory or equipment for the purpose of launching an object, shall be internationally liable for damage caused to another Contracting State or its natural or legal persons by such object or its components on earth, in atmospheric space or in outer space, including the moon and other celestial bodies.

② The launching state and space object are defined in article I, paragraphs III and IV of the Liability Convention. Launching state means the state that launches or causes to be launched a space object, or a state from whose territory or facilities it launches a space object; space object includes the components of a space object, its means of delivery and its components. And its Article I reads,（c）The term "launching State" means,（i）A State which launches or procures the launching of a space object;（ii）A State from whose territory or facility a space object is launched;（d）The term "space object" includes component parts of a space object as well as its launch vehicle and parts thereof.

③ Convention on Registration of Objects Launched into Outer Space, article I, for the purposes of this Convention:（a）The term "launching State" means:（i）A State which launches or procures the launching of a space object;（ii）A State from whose territory or facility a space object is launched;（b）The term "space object" includes component parts of a space object as well as its launch vehicle and parts thereof. This is consistent with that of the Liability Convention.

④ Liability Convention, article V,（3）A State from whose territory or facility a space object is launched shall be regarded as a participant in a joint launching.

mittee,[①] it is also obvious that the reasons for PROCLIVIA to be the launching sate of CUSKO – E – TM constellation are as follow: (1) the predecessor of ORAMI platform was built with the permission of PROCLIVIA, and there was a licensing administration, or namely authorization; (2) PROCLIVIA has the territorial jurisdiction to CUSKO' s satellite manufacturing plant and mission support center. And during the whole process, as long as one participates in a certain launching activity, it is an impetus put forward by scholar MATTE, PROCLIVIA had actually involved in and promoted this launching activity. Thus, PROCLIVIA is the launching state of CUSKO – E – TM constellation and has the regulatory responsibility and obligation pursuant to Outer Space Treaty, Liability Convention and Registration Convention.

C (2) PROCLIVIA violated the obligation of supervision under the Outer Space Treaty, Liability Convention and Registration Convention

With its obligations as a launching state under the relevant treaties, one should ascertain national jurisdiction over space activities carried out from territory, and under its jurisdiction and/or control, issue authorizations and ensure supervision over space activities carried out.[②] That' s, appropriate procedures are needed to ensure continuing supervision and monitoring of authorized space activities[③], which should be set out clearly within the regulatory framework. According

① The seven criteria provided by the COPUOS Legal Subcommittee to the "launching state" are as follows: (1) those who provide territory for launching space objects; (2) those who provide equipment for launching space objects; (3) persons who exercise control over the orbit or trajectory of outer space objects; (4) owners or occupiers of outer space objects; (5) persons who promote the launching of space objects; (6)participants in launching space objects; (7) space object registrants. From: report of the legal subcommittee of the United Nations Committee on the peaceful uses of outer space on its fourth meeting, 1968, p. 4. Quoted from Li Shouping, International Liability for Environment Damage in Outer Space, edited by Zhao Haifeng: Review of Outer Space Law, Vol. 1, Harbin: Harbin Institute of Technology Press, 2006 edition, p. 87.

② Literally by its citizens and/or legal persons established, registered or seated in territory under its jurisdiction and/or control. A/RES/68/74. Recommendations on national legislation relevant to the peaceful exploration and use of outer space.

③ A/RES/68/74. Recommendations on national legislation relevant to the peaceful exploration and use of outer space.

to the Outer Space Treaty, Liability Convention and Registration Convention, PROCLIVIA is obliged to supervise and monitor CUSKO – E – TM constellation in a regular and durative way as a launching state.

Dissatisfied for the details from CUSKO management, ASTERIA requested PROCLIVIA authorities to provide copies of all technical documents submitted by CUSKO for approval permission in diplomatic. But PROCLIVIA didn' t provide though was aware of the bad operation issue. Regardless of the principles of international cooperation and the regulatory responsibility of a launching state, PROCLIVIA thereby violated the provisions of Outer Space Treaty, Liability Convention and Registration Convention.

II. PROCLIVIA is liable under international law for the loss of the CUSKO satellite and ASTERIA is not liable under international law for the loss of the D. A. M. E. – 7T satellite

A. PROCLIVIA shall be liable for the loss of the CUSKO satellite under the liability of international wrongful acts

A State wrongful act refers to an act committed by an international subject in violation of its international obligations. ①An act constitutes an international wrongful act requiring both subjective and objective elements. ②

A (1) The behavior of PROCLIVIA met the subjective requirements

The subjective element means that an act of a country is attributable to it and constitutes the State act of that country. The judgment of whether an act constitutes a State act should be based on international law rather than domestic law. ③ Pursuant to international law, the wrongful act committed by State organs is attributable

① Liang Xi, International Law, 107 (2011).
② Liang Xi, International law, 108 (2011).
③ Liang Xi, International Law, 107 (2011).

to the State and can be deemed as State act. ① In this case, PROCLIVIA launched government - led DA. M. E. - 7T satellite into space, and then it collided with CUSKO - E - TM satellite when crossing an orbit occupied by the latter. Since the launch and operation of the D. A. M. E. - 7T satellite was carried out by the PROCLIVIA Government, its behavior could be attributed to it, which also formed acts of PROCLIVIA State.

A (2) The behavior of PROCLIVIA met the objective requirements

Objective requirement means that the act should violateits obligation under international law.

A (2) (a) PROCLIVIA violated the duty of prevention

Pursuant to article 4② and 6③ of the International Liability for Injurious Consequences Arising out of ACTS Not Prohibited by International Law, the subject of liability shall undertake the obligation of prevention when engaging in the act causing or likely to cause damage and should take preventive measures to avoid and mitigate it. Pursuant to the statements given by China representatives in the draft discussion, if a series of terms as a primary rule of preventive measures are enacted, but failed to implement the measures or give due attention constitute the wrongdoing of international law and give rise to State responsibility. ④ On the basis of general principles of international law, a State should prevent the creation of obvious dangers beyond its borders. In this case, in order to reduce the risks of space activities, PROCLIVIA used a new collision avoidance system on its satellite while did not paid due attention to it. ⑤ When crossing the orbit populated by CUSKO satellites, this system lacked specific information about the final configuration of CUSKO satellites and SARASTRO software programming parameters. This lack of

---

① Responsibility of States for internationally wrongful acts, Article IV.

② International Liability for Injurious Consequences of Acts Not Prohibited by International Law, Article IV.

③ International Liability for Injurious Consequences of Acts Not Prohibited by International Law, Article VI.

④ Representative of China states in the 48th UN General Assembly. Chinese Yearbook of International Law, 426 (1994) .

⑤ Compromis, para. 11.

information resulted in obscure positioning of the collision avoidance system, which in turn made the preventive measures inefficient.

A (2) (b) PROCLIVIA violated the principle of notification and negotiation

Firstly, based on the article XI of the Outer Space Treaty, the obligation of notification requires the launching State to inform the Secretary – General of the United Nations as well as the public and the international scientific community, to the greatest extent feasible and practicable, of the nature, conduct, locations and results of such activities. The Secretary – General of the United Nations should be prepared to disseminate it immediately and effectively. ① Given the characteristics such as transnational and high – risk of space activities, information provision serves as an essential element in international cooperation and increase the safety. In this case, PROCLIVIA failed to obey this principle by not informing related persons of related information about D. A. M. E. –7T satellite.

Notification to States which are at risk of suffering from significant damage is an indispensable part of the system for the prevention or minimization of transboundary harm, which is also reflected in a number of international agreements and jurisprudence of the International Court of Justice. As in the Corfu Strait case②, the International Court characterized the obligation of warning as a fundamental humanitarian consideration. In this case, PROCLIVIA, as a subject of international law, should fulfill this obligation. Before launch, PROCLIVIA knew that the satellite would cross the orbit occupied by CUSKO satellites, which might expose the CUSKO satellite to significant risks, but failed to inform ASTERIA of the relevant information such as the precise orbit of the D. A. M. E. –7T satellite. Therefore, ASTERIA could not realize the significant risk of damage it faced, let alone taking measures to prevent it.

Secondly, obligation of consultation is stipulated in article IX of the Outer Space Treaty, if a State Party to the Treaty has reason to believe that an activity or experiment planned by it or its nationals in outer space, including the moon and

---

① Outer Space Treaty, Article XI.

② The Corfu Channel Case. http://www. icj – cij. ory/icjw – www/icases/icc/icc_isummaries/icc_ isummary_ 19480325. htm.

other celestial bodies, would cause potentially harmful interference with activities of other States Parties in the peaceful exploration and use of outer space, including the moon and other celestial bodies, it shall undertake appropriate international consultations before proceeding with any such activity or experiment. ① PROCLIVIA, a Party to this Treaty, knowing that D. A. M. E. –7T satellite would pass through CUSKO's orbit as planned and would probably interfere with CUSKO's normal activities, while failed to engage in international consultations with ASTERIA. Eventually, the lack of notification and consultation resulted in the collision of the two satellites.

B. PROCLIVIA shall be liable for the loss of the CUSKO satellite under the State liability of international unprohibited acts

As a legal concept, the State liability of international unprohibited acts has been widely accepted by judicial practices and precedents in various countries. It means that the act of a subject of international law has caused some kind of injurious consequences, although the act itself does not violate international law, it still bears international responsibility for the injurious consequences. ② The emergence of such liability only depends on the occurrence of extraterritorial damage, and as long as the act causes the damage, the related State is liable for compensation. ③ It can be seen that the application of this kind of State responsibility has two conditions: (1) A subject of international law commits an act that does not violate international law; (2) This act causes some kind of damage.

The launch of the D. A. M. E. –7T satellite by PROCLIVIA is an act of free exploration of outer space, which is consistent with the fundamental principles of outer space activities based on the Outer Space Treaty. ④ However, the D. A. M. E. –7T satellite caused damage to CUSKO satellite in the process of crossing the orbit occupied by CUSKO satellites, and PROCLIVIA shall bear the

① Outer Space Treaty, Article IX.

② Zhou Zhonghai, International Law, 167 (2007).

③ Zhou Zhonghai, International Law, 93 (2017).

④ Outer Space Treaty, Article I.

liability for damages to CUSKO satellite.

C. PROCLIVIA shall be liable for the loss of the CUSKO satellite pursuant to Article III of the Liability Convention

According to the provisions of article III of the Liability Convention, in the event of damage being caused elsewhere than on the surface of the earth to a space object of one launching State or to persons or property on board such a space object by a space object of another launching State, the latter shall be liable only if the damage is due to its fault or the fault of persons for whom it is responsible. ①This article stipulates the principle of negligence liability for damage caused by a space object involving foreign elements. The subject of liability shall bear the liability as long as it meets four requirements: Firstly, the objective existence of the damage fact; Secondly, the injurious act violating the provisions of the international law; Thirdly, the doer is subjectively negligent; Fourth, there is a causal relationship between injurious behavior and damaging consequences.

C (1) There existed objective damage of CUSKO satellite

According to article I of the Liability Convention, damage caused by space objects in space activities includes personal damage and property damage. ② Two satellite collided in 2028 due to uncoordinated emergency braking, causing serious damage to one of the CUSKO – E – TM satellites, which is property damage to CUSKO firm. ③ It should belong to the scope of damage in Liability Convention.

C (2) There was a causal relationship between CUSKO satellite damage and behaviors of PROCLIVIA

In this case, CUSKO satellites were successfully deployed in the earth orbit plane 790 to 810 km above the ground in December 2026 and were in operational condition formally. While D. A. M. E. satellite intruded in, caused serious destruction of one of CUSKO – E – TM constellation crossing the orbit occupied by CUSKO satellite. It can be inferred that the crossing behavior has a direct cause –

① Liability Convention, Article III.

② Liability Convention, Article I.

③ Compromis, para. 15.

and – effect relationship with the damage.

C (3) The acts of PROCLIVIA contravenes the provisions of existing international law

C (3) (a) PROCLIVIA violated the principle of international cooperation

The principle of cooperation is a basic principle of international law, which is specified in articles I①, III② and IX③ of the Outer Space Treaty. PROCLIVIA shall abide by and substantively implement this principle as a party to the Treaty. Whereas, PROCLIVIA, as a later – launching satellite, knew that the D. A. M. E. – 7T satellite would pass through CUSKO' s orbit and there was a risk of collision during the process, it did not communicate, consult with, or inform ASTERIA of any information related to D. A. M. E. – 7T satellite.

In addition, the principle of cooperation gets a further interpretation in article Ⅲ of the Declaration on International Cooperation in the Exploration and Use of Outer Space for the Benefit and in the Interest of All States, Taking into Particular Account the Needs of Developing Countries: All States, particularly those with relevant space capabilities and programs for the exploration and use of outer space, should contribute to promoting and fostering international cooperation on an equitable and mutually acceptable basis. ④That is to say, States with space activities capabilities and plans should, to the extent possible, promote and facilitate international cooperation. ⑤

ASTERIA had never performed space activities before this launch while PROCLIVIA had experience in space activities and had domestic space law. ⑥ We can infer that PROCLIVIA is a country "with relevant space capabilities and programs for the exploration and use of outer space", and it is supposed to take the interests

① Outer Space Treaty, Article I.

② Outer Space Treaty, Article III.

③ Outer Space Treaty, Article IX.

④ Declaration on International Cooperation in the Exploration and Use of Outer Space for the Benefit and in the Interest of All States, Taking into Particular Account the Needs of Developing Countries, Article III.

⑤ Cologne Review of Space Law, Volume I: Outer Space Treaty, p. 295.

⑥ Compromis, para. 2, 4.

of ASTERIA, a developing country, into consideration. However, PROCLIVIA did not provide the available information of D. A. M. E. – 7T satellite to ASTERIA, which violated its obligation of international cooperation. This eventually led to the destruction of CUSKO satellite in the absence of satellite data related to the other object.

C (3) (b) PROCLIVIA violated the duty of paying full attention

Article IX of the Outer Space Treaty provides for the obligations of parties in the process of carrying out outer space activities, including paying "full attention to the corresponding interests of all other States Parties to the Treaty". ① Full attention means that an act is carried out in accordance with certain standards of concern and observance. It is a restriction on the exercise of their right to free exploration in outer space for States. The State related must demonstrate that all possible measures have been taken to prevent the occurrence of accident or damage, and such proof should be sufficient to exclude reasonable doubt. ②

To improve the safety of the system and reduce the risks of damage, D. A. M. E. – 7T satellite was equipped with a new collision avoidance system, Waltzing Wizard, and PROCLIVIA has provided Endeavor with full information on the previously unapproved CUSKO – E – TM constellation. But CUSKO informed the public that it adjusted the satellite technology parameters since moving to ASTERIA to meet the only international standard in existence for autonomous operation of transport systems (PAMINA). ③ PROCLIVIA, however, still blindly trusted the original information without trying to fully understand any new parameter information. In addition, in order to make its technology more compatible with the design of its future space program, D. A. M. E. – 7T used a new collision avoidance system, whose parameters do not meet international standards. Therefore, the evidence of PROCLIVIA's taking all possible measures was insufficient to eliminate reasonable doubt.

---

① Outer Space Treaty, Article IX.

② Cologne Review of Space Law, Volume I: Outer Space Treaty, p. 245.

③ Compromis, para. 7.

D. ASTERIA is not liable for damage to the D. A. M. E. –7T satellite

D (1) ASTERIA paid full attention to its space activities and actively engaged in international cooperation by declaring unilateral "safe areas"

In order to diminish the risks of collision or other accidents in outer space, ASTERIA declared a "safe zone" in the orbit of the CUSKO constellation unilaterally, requiring all space actors intended to enter or cross the zone to submit information about their planned activities in advance. ① At a COPUOS session, ASTERIA repeated in its statement the information requirement again, which was supposed to be known and respected by other countries. ② The purpose of this submission of information on activities was to promote effective cooperation among States in outer space.

D (2) ASTERIA undertakes the corresponding supervision obligations of CUSKO' s space activities

Article V of the Declaration of Legal Principles Governing the Activities of States in the Exploration and Use of Outer Space stipulates that the activities of non–governmental entities in outer space shall require authorization and continuing supervision by the State concerned. ③As a developing island country, ASTERIA lacks experience in the regulation of outer space activities and related legislative issues. Although it is unable to review and approve CUSKO' s space activities through domestic space law, ASTERIA has in fact supervised on CUSKO' s space activities in other ways. After knowing that the operation of the monostazine propulsion engines and the SARASTRO system in Discovery had raised concerns among experts, ASTERIA requested the CUSKO management to clarify any potential risks arising from the deployment and operation of the constellation. Whereas the depth of information did not satisfy ASTERIA. Therefore, intended to understand the possible risks of operating the satellite constellation, ASTERIA requested PROCLIVIA authorities to provide a copy of all technical documentation that CUSKO

① Compromis, para. 8.

② Compromis, para. 9.

③ Declaration of Legal Principles Governing the Activities of States in the Exploration and Use of Outer Space, Article V.

had originally provided in April 2025 as part of the PROCLIVIAN licensing process. But the request remained unanswered. It can be inferred that PROCLIVIA' s inaction actually impeded supervision on CUSKO' s space activities.

D (3) ASTERIA followed the principle of the common interests of mankind

The preamble and article I of the Declaration on Outer Space establish one of the principles of outer space law, that the exploration and use of outer space shall be carried on for the benefit and in the interests of all mankind. ① Benefits derived from outer space activities should not be for the sole purpose of the States that make investment and conduct space activities, but for all States. Given the spirit of legislation, any unilateral exploration and use of outer space, regardless of the interests of other countries and mankind, is a violation of this principle. Seemingly allured by the prospects of publicity and tourism interest in the wake of CUSKO' s "green space technology revolution", the launch was aimed at providing affordable global broadband communications services on the ground. ② It was in essence a space activity for the benefit of all mankind.

III. ASTERIA is not responsible under international law for any alleged interruption of PROCLIVIA' s scientific investigation of Antarctica conducted from outer space

PROCLIVIA is a party to all five space treaties, while ASTERIA has only signed but not ratified Outer Space Treaty. Thus, ASTERIA is not bound by Outer Space Treaty. Pursuant to Treaty on Principles Governing the Activities of States in the Exploration and Use of Outer Space, including the Moon and other Celestial

---

① Declaration of Legal Principles Governing the Activities of States in the Exploration and Use of Outer Space: preamble, Article Ⅰ.

② Compromis, para. 1.

Bodies, Convention on Registration of Objects Launched into Outer Space, CUSKO' s launch of the CUSKO - E - TM in ASTERIA was a prior lawful act. Moreover, the interruption of the scientific investigation of Antarctica doesn' t belong to the scope of the damage stipulated in Convention on International Liability for Damage Caused by Space Objects. Therefore, ASTERIA is not liable for the interruption of the PROCLIVIA scientific investigation.

A. ASTERIA is not liable for the interruption of PROCLIVIA' s scientific research activities under the Outer Space Treaty and the Liability Convention

A (1) Under article Ⅱ and Ⅲ of the Liability Convention, the principle of fault liability should be applied

Article Ⅱ and Ⅲ of the Liability Convention embody two principles of attribution. ① Firstly, the launching State bears absolute responsibility for damage to the surface of the earth. Secondly, a launching State assumes fault liability for damage caused to another launching State' s object in outer space. The fragments of the D. A. M. E. -7T satellite was the direct cause of the interruption of PROCLIVIA' s scientific research activities using D. A. M. E. -7T. Thus, the principle of fault liability shall be applied.

A (2) Under the principle of fault liability, ASTERIA' s conduct was in conformity with international law and entailed no responsibility

Under the fault liability, the launching State bears the responsibility not only require the injured country to prove that the damage it suffered is compensable, but it mustalso prove that the launching State was at fault. ② The Corfu Channel case was a guiding example of the principle of no liability without fault. ③ In this case, although ASTERIA is not bound by the Outer Space Treaty, it has acted in accordance with the general principles of international law, thus, it is not liable.

---

① Liability Convention, Article II, Article III.

② Yearbook of the International Law Commission, 1979, vol. 2, part 2, analysis at p. 122 et seq.

③ Lan Brownlie, System of the Law of Nations State Responsibility (part 1), Clarcndon Press, Oxford 1983, p. 41.

A (2) (a) Under article XIV of the Outer Space Treaty①, ASTERIA is not bound by the Treaty

According to Article XIV of the Outer Space Treaty. ② The signature of a representative does not normally imply the final consent of its State to be bound by the treaty until it has been ratified (or approved). ③ ASTERIA only signed but didn't ratify it. Therefore, ASTERIA is not bound by the Outer Space Treaty.

A (2) (b) Under article VI of the Outer Space Treaty, ASTERIA has fulfilled the regulatory obligations

Pursuant to article VI of the Outer Space Treaty④, States have an obligation to continuously monitor outer space activities carried out within their own territory during the whole duration. ⑤

ASTERIA requested the CUSKO management to clarify any potential risks arising from the deployment and operation of the constellation. And CUSKO asserted that the constellation didn't pose any risk. Even if such, ASTERIA also took actions to improve the safety of CUSKO - E - TM. For example, ASTERIA publicly declared a "safety zone". And ASTERIA turned to the PROCLIVIA's authorities to request a copy of all technical documentation that CUSKO had originally provided to PROCLIVIA, in order to better understand the possible risk of operating a large satellite constellation. Thus, ASTERIA had fulfilled the necessary regulatory obligations.

A (2) (c) ASTERIA has fulfilled its registration and notification obligations under the Outer Space Treaty

Article XI of the Outer Space Treaty sets out the obligation to provide information to the Secretary - General of the United Nations, the public and the international scientific community⑥, which reflects the necessity of informing the international community of activities and results in outer space. The Registration Conven-

---

① Outer Space Treaty, Article XIV.

② Outer Space Treaty Article, Article XIV.

③ Zhou Chongsheng. International Law. Wuhan University Press, 2007.

④ Outer Space Treaty, Article, Article VI.

⑤ Cologne Review of Space Law, Volume I: Outer Space Treaty.

⑥ Outer Space Treaty, Article XI.

tion further makes it mandatory for States. ① CUSKO had already been registered in ASTERIA, and ASTERIA provided relevant information to the United Nations and made it available to the public. ASTERIA has disclosed technical information on the operation of CUSKO－E－TM, fulfilling its registration and notification obligations.

A（3）According to the Liability Convention, the interruption of the PROCLIVIA scientific investigation of Antarctica conducted from outer space doesn' t belong to the scope of the damage stipulated in the Convention

Pursuant to article Ⅰ of the Liability Convention②, the liability provided for is limited to personal injury and property damage, and does not cover damage to the rights of other States or natural or legal persons of other States. At the same time, article Ⅱ and Ⅲ of the Liability Convention clearly define the geographical scope of compensation. ③ Others are not included in the scope of compensation under the Liability Convention, such as environmental damage.

Moreover, according to current international practice, the compensation for personal injury and property damage should be limited to direct damage. "In the Alabama case, the arbitral tribunal stated that no compensation has ever been awarded in a case which the arbitrators have characterized as consequential damages." ④ In the Trail Smelter Abatement Case, the arbitral tribunal rejected the United States claim of loss of business, reduction of crops as too indirect and remote for. ⑤

Similar to the loss of commerce claimed by the United States in the Trail Smelter case, the alleged interruption of PROCLIVIA' s scientific investigation is also a loss of the benefits, which is an indirect damage. Therefore, it doesn' t belong to the scope of the Liability Convention.

① Convention on Registration of Objects Launched into Outer Space, Article II.

② Liability Convention, Article Ⅰ（a）.

③ Liability Convention, Article II, Article III.

④ A. Hauriou, Les Dommages Indirectsdansles Arbitrage International, Cited in Yearbook of the International Law Commission（1989）, Vol. II, part I, p. 27－28.

⑤ Trail Smelter Arbitration（U. S. A v Canada）（1938－1941）.9 ILR. 315.

B. In accordance with Outer Space Treaty, and the Principles Relevant to the Use of Nuclear Power Sources in Outer Space, PROCLIVIA is liable for the interruption of PROCLIVIA' s scientific research activities

B (1) Under the Outer Space Treaty, PROCLIVIA violated the principle of international cooperation and mutual assistance

Because of the global nature of outer space activities, States cannot be completely independent in their outer space activities. Therefore, international cooperation and interdependence have become and will continue to be an important principle of international space law. ① The Outer Space Treaty also fully reflects it. In the Declaration on Principles of International Law②, international cooperation was reaffirmed as fundamental principles of international law. The exchange of information is the key to international cooperation. ③

To better understand the possible risk, ASTERIA requested PROCLIVIA to provide technical documentation, which is absolutely reasonable. And After ASTERIA publicly declared a "safety zone", PROCLIVIA should provide the exact satellite trajectory of D. A. M. E. -7T to reduce the risk. However, PROCLIVIA refused, which clearly violated the principle of international cooperation and mutual assistance.

B (2) According to article IX of the Outer Space Treaty, PROCLIVIA violated the obligation to pay due regard to the corresponding interests of all other States Parties to the Treaty

According to article IX of the Outer Space Treaty④, States have an obligation to "pay due attention to the corresponding interests of all other States Parties to the Treaty". To this end, States should refrain from taking any measures aimed at hampering the space activities of other States. ⑤ The State must prove that all pos-

---

① He Qizhi, The Law of Outer Space, Law Press, 1992.

② Declaration on International Cooperation in the Exploration and Use of Outer Space for the Benefit and in the Interest of All States, Taking into Particular Account the Needs of Developing Countries.

③ Cologne Review of Space Law, Volume I: Outer Space Treaty, p. 328.

④ Outer Space Treaty Article, Article IX.

⑤ Cologne Review of Space Law, Volume I: Outer Space Treaty, p. 296.

sible measures have been taken to prevent harmful behaviors from occurring, and the strength of this proof should be able to eliminate reasonable doubts. ① In developing the D. A. M. E. -7T anti-collision system, PROCLIVIA used information from CUSKO-E-TM, which was clearly insufficient to eliminate reasonable doubt. And PROCLIVA' s failure to properly take into account that launching the D. A. M. E. -7T satellite by itself may cause harmful behaviors and risks to ASTERIA, which obviously violated the obligation to pay due attention to the corresponding interests of all other contracting States.

B (3) According to article III of the Declaration on International Cooperation in Space, PROCLIVIA violated the principles of equity, reasonableness and freedom

Article III of the Declaration on International Space Cooperation said that the outer space was the common heritage of mankind②, Therefore, developed countries in space technology should follow reasonable principles for international cooperation, and while gaining their own benefits, they must fully consider the interests of developing countries and countries with backward space technology. ③

ASTERIA is a small island State with no space law and hasn' t carried out any outer space activities before. On the other hand, PROCLIVIA is highly industrialized country with the capacity to launch the most advanced observation satellites in the world. In the event that the ASTERIA constellation is launched firstly, PROCLIVIA should give full consideration to ASTERIA' s interests. But PROCLIVIA didn' t take any co-operative measures, which is a clear violation of the principle.

---

① Cologne Review of Space Law, Volume I: Outer Space Treaty, p. 297.

② Declaration on International Cooperation in the Exploration and Use of Outer Space for the Benefit and in the Interest of All States, Taking into Particular Account the Needs of Developing Countries.

③ Li Shouping, Zhao Yun, The Law of Outer Space, Guangming Daily Press, 2010.

B（4）According to article I of the Liability Convention, PROCLIVIA has not fulfilled its obligation to supervise the CUSKO－E－TM satellite constellation

B（4）（a）PROCLIVIA is the launching State for the CUSKO－E－TM satellite constellation

Under article I of the Liability Convention①, what constitutes procuring the launch is not clearly defined. It has been argued that "the launching State should be motivated to actively intervene in the launch of a satellite or at least promote the launch of a particular space object". ② With regard to active involvement, the scholar Metter suggests that "simply being involved, participating in a launch activity". ③

CUSKO's satellite manufacturing plant and mission support center, both located in Mittama, the capital of PROCLIVIA. Furthermore, the launch platform for the CUSKO－E－TM satellite constellation is licensed as an oil rig by the PROCLIVIAN authorities. PROCLIVIA should also be a co－launching State of the CUSKO－E－TM satellite constellation.

B（4）（b）PROCLIVIA did not fulfill regulatory obligations

As the launching State of the CUSKO－E－TM, PROCLIVIA should perform the same continuous supervision obligations as ASTERIA. After it became clear that there were problems in the operation of the CUSKO－E－TM, PROCLIVIA not only failed to actively assist ASTERIA in solving the corresponding problems, but ignored ASTERIA's requests for information. Thus, PROCLIVIA didn't fulfil the necessary regulatory obligations.

---

① He Qizhi, The Law of Outer Space, Law Press, 1992.

② BOCKSTIEGEL K H. The Term "Appropriate State" and "Launching State" in the Space Treaties——Indicators of State Responsibility and Liability for State and Private Space Activities, Proceedings 34th Colloquium on the Law of Outer Space. US: Kluwer Law International. 15（1992）.

③ MATTE N. Aerospace law. US: Quorum Books. 1977（163）.

C. PROCLIVIA' s claim that ASTERIA is internationally responsible for obstructing PROCLIVIA' s freedom of scientific investigation lacks legal basis

C (1) According to the Vienna Convention on Civil Liability for Nuclear Damage and the Paris Convention, PROCLIVIA should be held responsible for the interruption of its Antarctic research activities

C (1) (a) PROCLIVIA is the operator of the D. A. M. E. –7T nuclear power source satellite, in accordance with the Vienna Convention on Civil Liability forNuclear Damage

According to Article Ⅰ of the Vienna Convention on Civil Liability for Nuclear Damage①, PROCLIVIA meets the requirements of an operator. D. A. M. E. –7T, a government Earth observation satellite, is a PROCLIVIA governmental –sponsored satellite launched to facilitate PROCLIVIA' s scientific research activities.

C (1) (b) PROCLIVIA is liable

The nuclear liability regime established by international conventions mainly consists of the principles of strict liability, sole liability, etc. ② Both documents consecrate the principle of objective liability in charge of the nuclear plant operator. ③ The key rationale for the use of absolute liability for nuclear operators is based on the "potentially high degree of risk" inherent in the nuclear plant. ④ It is representative in this regard Arlicle IV/1 of the Vienna Convention (in force since November 1977). ⑤ The principle of sole liability means that the operator of a nu-

① The Vienna Convention on Civil Liability For Nuclear Damage, Article I.

② Fu Jixi. Civil Liability and Compensation for Nuclear Damage. Atomic Energy Press, 2003.

③ Elena Iftime, Liability for Damage Caused by Dangerous Situations and Activities to the Environment, Procedia – Social and Behavioral Sciences, Volume 149, 2014, p. 417–423, ISSN 1877–0428.

④ Tsan–ling Lin. State Responsibility for Transboundary Harm in International Law. Beijing, 1995: 467.

⑤ The Vienna Convention on Civil Liability For Nuclear Damage, Article IV.

clear installation is the only person legally liable for nuclear damage. ① In this status, it must be added that "exclusive nature, which means that the victims of the nuclear damage don' t have another possibility other than to turn against it for damages". ②

The interruption of PROCLIVIA' s Antarctic research activities was directly caused by the incomplete burning of the D. A. M. E. -7Tfragments. And PROCLIVIA is the operator of the D. A. M. E. -7T. According to the principle of strict liability and sole liability, only the operator PROCLIVIA is liable for the nuclear damage.

C (1) (c) ASTERIA was not faulty for the collision of the two satellites, the re-entry of debris, or the proliferation of plutonium, and is therefore not liable

According to article Ⅵ (c) (i) of the Paris Convention, there are exceptions to the principle of sole liability. However, ASTERIA' s launch of the CUSKO-E-TM was a prior lawful act. And ASTERIA was not at fault for the collision happened between D. A. M. E. -7T and CUSKO-E-TM. With regard to the interruption of scientific activities, the proliferation of the plutonium contained in D. A. M. E. -7T was the direct cause; The regime of State responsibility is based on the wrongfulness of the State' s conduct. ③ ASTERIA made no substantial influence on the outcome and didn' t violate the corresponding international obligations, thus, ASTERIA is not responsible.

C (2) PROCLIVIA breached its obligation of notice and notification

C (2) (a) Under the Principles Relevant to the Use of Nuclear Power Sources in Outer Space and the Guidelines on the Long-term Sustainability of Outer Space Activities, PROCLIVIA is in breach of its notification obligations

---

① Cai Xianfeng, The Principle of Concentration of Liability in Civil Liability for Nuclear Damage, Contemporary Law, 2006 (04): 117-120.

② Elena Iftime, Liability for Damage Caused by Dangerous Situations and Activities to the Environment, Procedia - Social and Behavioral Sciences, Volume 149, 2014, p. 417-423, ISSN 1877-0428.

③ Li Shouping, The Modern Legal System of International Responsibility, Wuhan University Press, 2003.

In accordance with principle Ⅴ of the Principles Relevant to the Use of Nuclear Power Sources in Outer Space①, and the Guidelines on the Long－term Sustainability of Outer Space Activities. ② States and international organizations should adopt objective and transparent practices and notify the international community in a timely manner. ③ The principle of notification has been applied many times in international practice. When the probe malfunctioned and fell into the atmosphere, Russia promptly notified the countries concerned. ④ D. A. M. E. －7T was launched as a satellite carrying nuclear power source. When it collided with the CUSKO－E－TM, there was a high probability that the collision debris would re－enter the Earth, PROCLIVIA should timely notify related States.

C（2）（b）Under the Convention on Early Notification of a Nuclear Accident, PROCLIVIA is in violation of its notification obligations

Pursuant to article Ⅰ and article Ⅱ of the Convention on Early Notification of a Nuclear Accident. ⑤ PROCLIVIA didn' t notify the International Atomic Energy Agency and other countries or institutions that the surface of earth is actually affected or might be affected by the nuclear accident. when the fragments of plutonium entered the Earth and hit the South Pole.

C（3）Interruption of the PROCLIVIA scientific expedition to Antarctica does not belong to the scope of the damage stipulated in the Convention

Pursuant to article Ⅰ of the Liability Convention⑥, indirect damage to the rights of another State or of natural or legal persons of another State is not covered. In the Canadian case, the court didn' t ask Brazil to compensate the boats for the profits they would make if they continued to fish. Because "there is a danger that the ship may soon be lost in the voyage, and that the voyage may be entirely futile

① Use of Nuclear Power Sources in Outer Space, Article Ⅴ.

② Guidelines on the Long－term Sustainability of Outer Space Activities.

③ Xiao Jun. Analysis of International Legal Rules for Space Object re－entry. 2017.

④ Gao Sheng, Jiang Xin, On the Legal Regulation of Space Environmental Protection in International Space Law, Frontiers, 2006（6）: 149.

⑤ Convention on Early Notification of A Nuclear Accident, Article Ⅰ, Article Ⅱ.

⑥ Liability Convention, Article Ⅰ.

without profit". ① Antarctica is a public international area which is not bound by national jurisdiction②, and the interruption of scientific investigation is a loss of anticipated benefits, and it is quite possible that the investigation may have been carried out for many years without any progress being made. Therefore, it doesn't belong to the scope of the Liability Convention.

SUBMISSIONS TO THE COURT

For the foregoing reasons, the ASTERIA (Respondent) respectfully requests the Court to adjudge and declare that:

1. PROCLIVIA violated international law by not cooperating and exchanging information that would have enabled ASTERIA to assess the risks posed by a mega-constellation;

2. PROCLIVIA is liable under international law for the loss of the CUSKO satellite and ASTERIA is not liable under international law for the loss of the D. A. M. E. -7T satellite; and

3. ASTERIA is not responsible under international law for any alleged interruption of PROCLIVIA's scientific investigation of Antarctica conducted from outer space.

Respectfully submitted,

____

Agent for the Respondent

Team 2011

① J. B. Moore, History and Digest of the International Arbitations to Which the United States has Been a Party, vol. 2, p. 1733.

② He Qizhi, The Law of Outer Space, Law Press, 1992.

第五章　第十七届国际空间法模拟法庭竞赛申请方英文诉状（2）

MANFRED LACHS SPACE LAW MOOT COURT COMPETITION (2021)

Team No. 2010

IN THE INTERNATIONAL COURT OF JUSTICE

AT THE

PEACE PALACE, THE HAGUE

Case Concerning Mega – Constellations, Autonomous Space Operations and Freedom of Scientific Investigation

PROCLIVIA

(APPLICANT)

v.

ASTERIAN

(RESPONDENT)

ON SUBMISSION TO THE INTERNATIONAL COURT OF JUSTICE
- MEMORIAL FOR THE APPLICANT -
CONFEDERATION OF PROCLIVIA

Case Concerning Mega - Constellations, Autonomous Space Operations and Freedom of Scientific Investigation

PROCLIVIA

(APPLICANT)

v.

ASTERIAN

(RESPONDENT)

"*The PROCLIVIA and the ASTERIAN submit the following dispute to this Court by Special Agreement for Resolution without, Reservations, pursuant to article* 40 (1) *of the Statute of the International Court of Justice and the Jurisdiction of this Court thus extends to all matters referred to by the parties in accordance with article* 36 (1) *of the Statute of the Court.*"

TABLE OF AUTHORITIES

Treaties and Multilateral Agreements

Charter of the United Nations (enter into force October. 24. 1945) .

Treaty on Principles Governing the Activities of States in the Exploration and Use of Outer Space, Including the Moon and Other Celestial Bodies, 18 U. S. T. 2410, 610 U. N. T. S. 205 (enter into force January. 27, 1967) .

Convention on the International Liability for Damage Caused by Space Objects, 24 U. S. T. 2389, 961 U. N. T. S. 15 (enter into force September. 1, 1972) .

United Nations Convention on the Law of the Sea, Dec. 10, 1982, 1833 U. N. T. S. 397 (enter into force November. 16, 1994) .

Vienna Convention on the Law of Treaties (VCLT) 1969, 1155 U. N. T. S. 331 (entered into force on January. 27, 1980) .

Agreement governing the Activities of States on the Moon and Other Celestial Bodies, 1363 U. N. T. S. 3 (enter into force July. 11, 1984) .

Antarctic Treaty, 402 U. N. T. S. 71 (enter into force June. 23, 1961) .

Responsibility of States for Internationally Wrongful Acts, UNGA Res. 56/83 (enter into force Jan. 28, 2002) .

International Responsibility of States in Regard to the Environment. A/RES/2996 XXVII. (enter into force Dec. 15, 1972) .

Books

Ian Brownlie, Principles of Public International Law (5th ed. , 1998) .

Stephan Hobe, et al. , Cologne Commentary on Space Law, Volume I, Outer Space Treaty (Li Shouping trans. , 2017) .

Bernhard/Schrogl, Kai – Uwe (eds.), Cologne Commentary on Space Law, Volume II, Heymanns, Cologne (2013) .

Hobe, Stephan/Schmidt – Tedd, Bernhard/Schrogl, Kai – Uwe (eds), Cologne Commentary on Space Law, Volume Ⅲ, Carl Heymanns, Cologne. (2015).

J. Crawfor, State Responsibility: The General Part (2013).

Wang Tieya, International Law (1995).

He Qizhi, The Law of Outer Space (1992).

Li Shouping, Zhao Yun, Introduction to the Law of Outer Space (2009).

Li Shouping, Modern International Liability Legal System (2003).

Li Haopei, Introduction to Treaty Law (2th ed, 2003).

Barry E. Carter, Allen S. Weiner; Translated by Feng Jiehan, Wolters Kluwer Legal Translation Series Under International Law (2015).

Susan Ellis Wild, Definition of due Diligence, Merriam – Webster Dictionary, Wiley Publishing. 134 (2020).

Rene provost, State Responsibility in International Law, Libraries of Essays in International Law. (2002).

Hersch Lauterpacht, Oppenheim' s International Law Volume Ⅰ (1). (Wang Tieya trans, 1989).

Mu Yaping, Zhou Jianhai, Wu Hui, The Theory of Contemporary International Law, Law Press. 188 (1998).

Articles and Reports

Yin Yuhai, Yan Yongliang, Challenges Related to Long – term Sustainability of Outer Space Activities and Their Solutions, 29 Journal of Beijing University of Aeronautics and Astronautics (Social Sciences Edition). 20, 25 (2016).

D A Cypser, International Law & Policy of Extraterrestrial Planetary Protection, 33 Jurimetrics – Journal of Law Science & Technology 315, 324 (1993).

Wang Yuan, Analysis of the Legal Status of the Basic Principles of International Environmental Law, Jilin University. (2014).

Si Pingping, Safeguarding the Purposes and Principles of the UN Charter and Safeguarding the Victory of the Anti Fascist War, Legal Daily. 2, 1 (2015).

Joel A. Dennerley, State Liability for Space Object Collisions: The Proper Interpretation of "Fault" for the Purposes of International Space Law, 29 EJIL 281

(2018).

Newman, Christopher, Ralph Dinsley, and William Ralston, Introducing the Law games: Predicting Legal Liability and Fault in Satellite Operations, Advances in Space Research (2020).

A. Kees, Responsibility of States for Private Actors, March 2011, at para. 3.

Kulesza, Due Diligence in International Internet Law, Journal of Internet Law. 27 (2014).

Volynskaya, Olga A. Landmark Space – Related Accidents and the Progress of Space Law., 62 ZLW. 220 (2013).

Luo Guoqiang, Liu Luqi. Analysis on the Safe Zone System of "United Nations Convention on the Law of the Sea" —Also on the Response to the "Freedom of Navigation" Activities in the South China Sea, Research on Nanyang Issues. 40 (2019).

Volynskaya, Olga A. Landmark Space – Related Accidents and the Progress of Space Law, 62 ZLW. 220 (2013).

Plakokefalos, Ilias, Causation in the Law of State Responsibility and the Problem of Overdetermination: In Search of Clarity, European Journal of International Law. 471, 492 (2015).

Li Xiaowei, Research on Hypothetical Causality in Tort Law, Southwest University of Political Science and Law. (2017).

Wang Liming, Discussion on Causality in Wang Liming' s Civil Law, Journal of Renmin University of China. 80, 86 (1992).

Wang Guoyu, Gong Yu, Li Qiaoshuang, Legal Analysis of International Compensation for Damage Caused by Re – entry of Large Space Objects, Space Debris Research. 33 (2018).

Feng Guodong, On the Legal Connotation and Right Boundary of Outer Space Freedom, Research on Law and Commerce. 153 (2016).

Carl Q. Christol, International Liability for Damage Caused by Space Objects, The American Journal of International Law. 346, 371 (1980).

Walter D. Reed, The Outer Space Treaty – Freedoms – Prohibtions – Duties, United States Air Force JAG Law Review 26 (1967).

John Hanessian, The Antarctic Treaty 1959, International and Comparative Law Quarterly. 462 (1960).

Provided by The Conversation APA citation: What Any Country Can and Can' t do in Antarctica, in the Name of Science (2018, October 31) Retrieved 28 October 2020, by Julia Jabour.

United Nations Documents, Reports, and Resolutions

Declaration on International Cooperation in the Exploration and Use of Outer Space for the Benefit and in the Interest of all States, Taking into Particular Account the Needs of Developing Countries, G. A. Res. 51/122, 51U. N. GAOR Supp. (No. 49) at 114, U. N. Doc. A/51/49 (Vol. I) (Dec. 13, 1996).

Responsibility of States for Internationally Wrongful Acts, G. A. Res. 56/83, U. N. Doc. A/RES/56/83 (Jan. 28, 2002).

The United Nations, Comments and Observations of Governments on State Responsibility, A \ CN4 \ 488.

International Cooperation in the Peaceful Uses of Outer Space, G. A. Res. 1721 (XVI) (Dec. 20, 1961).

United Nations Special Committee on the Peaceful Uses of Outer Space, U. N. Doc. A/4141 (July. 14, 1959).

Support to the IADC Space Debris Mitigation Guidelines, IADC - 04 - 06, Rev 5. 7 (Apr. 9, 2020).

Miscellaneous

Corfu Channel case (United Kingdom v. Albania), Judgment, 9 April 1949, ICJ Reports (1949).

QUESTIONS PRESENTED

I. Whether ASTERIA violated international law when: 1) ASTERIA did not establish any prior approval and licensing procedures for CUSKO to launch satellites, but yet authorized CUSKO to launching more than 150 satellites; 2) after learned the potential risk of CUSKO, it merely asked assessment from CUSKO, the interested party; 3) ASTERIA unilaterally announced a "safe zone" requiring other countries to provide information before launching space objects?

II. Whether ASTERIA is liable under international law for the loss of the D. A. M. E. -7T satellite and PROCLIVIA is not liable under international law for the loss of the CUSKO satellite, when: 1) ASTERIA unilaterally announced a "safe zone" requiring other countries to provide information before launching space objects; 2) PROCLIVIA registered its D. A. M. E. -7T satellite with UN Secretary with all details; 3) ASTERIA never provided information about the CUSKO satellite; 4) CUSKO satellite mistakenly initiated a manoeuvre that trigger the D. A. M. E. -7T satellite with emergency; 5) two satellite collided and serious damage was caused to both satellite?

III. Whether ASTERIA is not liable under international law for interruption of PROCLIVIA' s scientific investigation of Antarctica, when: 1) PROCLIVIA registered its D. A. M. E. -7T satellite with UN Secretary with all details; 2) CUSKO satellite mistakenly initiated a manoeuvre that confused the D. A. M. E. -7T satellite; 3) interruption of the PROCLIVIA scientific investigation are conducted through the satellite from outer space?

STATEMENT OF FACTS

1. In early 2025 the privately-owned CUSKO entity registered in PROCLIVIA, publicly announced its plan to deploy a 1500-satellite constellation in 25 orbital planes between 790 and 810 km altitude around Earth to provide affordable global broadband communications services: the CUSKO-E-TM constellation.

2. In April 2025, CUSKO filed for a license under the PROCLIVIAN Space Act, requesting authorization to launch and operate the CUSKO-E-TM constellation. The PROCLIVIAN Space Act required the approval of a comprehensive operational risk assessment, a safety plan and an environmental impact assessment as preconditions for any non-governmental space activities. PROCLIVIAN authorities declined to authorise CUSKO to launch and operate the CUSKO-E-TM con-

stellation because of the novel automated operations concept, the novel propellant and the uncertainties associated with a self – operating fleet of satellites.

3. Allured by the prospects of publicity and tourism interest in the wake of CUSKO' s "green space technology revolution", the ASTERIAN authorities invited CUSKO to relocate to ASTERIA, in exchange for exempting CUSKO from taxes and offering land to build company premises.

4. ASTERIAN government the registered CUSKO as company under its domestic law and authorized launching of CUSKO – E – TM constellationn without strict examination and consideration, partly because there is not technical standard and rugalatory rule in ASTERIAN.

5. In June 2026, CUSKO launched and deployed the first CUSKO – E – TM satellites from its own ORAMI (Operational Rocket Ascent Management Infrastructure) platform in the exclusive economic zone of ASTERIA. By December 2026, a total of 150 satellites had successfully been deployed in their intended orbital planes, and the CUSKO – E – TM constellation was declared operational by CUSKO.

6. In February 2027, a well – informed investigative online platform, The Discovery Journal, reported that both the functioning of the monostazine – propelled engines and the SARASTRO system had raised concerns among the mission support experts of CUSKO. Allegedly, several satellites had been lost within weeks after their deployment and at least one unplanned close conjunction event occurred.

7. Concerned by the allegations, ASTERIA requested the CUSKO management to clarify any potential risks. The reply received one week later asserted that the constellation did not pose any risk beyond those risks, but nevertheless, the SARASTRO software and the relative positioning of the satellites would be re – assessed and possibly reorganized to further improve safety.

8. Upon receipt of this response, ASTERIA unilaterally publicly declared a "safety zone" at the orbital altitude of the CUSKO – E – TM constellation, requesting space actors intending to enter or cross that zone to submit advance information of their plans so as to avoid risk of collision.

9. Not satisfied by the depth of information supplied to it by the CUSKO management, ASTERIA then turned to the PROCLIVIAN authorities to request, via a

diplomatic note at the margins of the June 2027 COPUOS session, a copy of all technical documentation that CUSKO had originally provided in April 2025 as part of the PROCLIVIAN licensing process, in order to better understand the possible risk of operating a large satellite constellation. This request remained unanswered. No further attempts to reach out to PROCLIVIA for information were made by ASTERIAN authorities.

10. In September 2028, PROCLIVIA launched and subsequently registered the newest generation of its governmental Discovery of the Antarctic and Maritime Explorer satellites D. A. M. E. –7T, the world's most advanced, complex and expensive governmental Earth observation satellite ever built.

11. In order to reach its designated quasi-polar orbit at 900 km altitude, which it was meant to achieve by a series of orbit-raising maneuvers, the D. A. M. E. –7T satellite had to cross the densely populated orbital zone utilized by the CUSKO-E-TM constellation.

12. D. A. M. E. –7T was equipped with the Waltzing Wizard, a ground-breaking collision avoidance system that, on the basis of background surveillance data, would automatically calculate the best trajectory during the spiraling-out phase. Whenever the Waltzing Wizard system determined it to be necessary, the D. A. M. E. –7T satellite's on-board computer would execute positioning maneuvers to avoid obstacles.

13. ASTERIA did not provide any information to PROCLIVIA on the final configuration of the constellation and programming parameters of the SARASTRO software. After its successful deployment in a parking orbit by the PROCLIVIAN Boomerang reusable air-to-space launch system, D. A. M. E. –7T commenced its spiraling-out maneuver towards its final orbit.

14. As the newly launched D. A. M. E. –7T satellite gradually approached the CUSKO-E-TM constellation zone, the SARASTRO software interpreted it as an unknown massive space object. In the absence of any available pre-programmed or uploaded information regarding that object, the SARASTRO software executed an emergency escape maneuver, which consisted of an automatically sequenced repositioning of those CUSKO-E-TM satellites it determined would be at risk of collision.

15. Waltzing Wizard system having received ambiguous orbital positioning data regarding those CUSKO – E – TM satellites, executed its own emergency escape maneuver. On 15 September 2028, as a result of those two uncoordinated emergency maneuvers, D. A. M. E. –7T collided with a CUSKO – E – TM satellite, causing the destruction of both spacecraft.

16. The debris, after having re – entered the atmosphere without entirely burning up, eventually crashed into the Uvavian Ice Shelf in Antarctica in October 2033, breaking up on impact and thus resulting in the spread of plutonium on the Antarctic surface close to where PROCLIVIA had been conducting its scientific studies. The spectacular loss of D. A. M. E. –7T together with the radioactive pollution brought an abrupt end to the decades – long uninterrupted scientific investigations by PROCLIVIA in Antarctica.

SUMMARY OF ARGUMENT

I. ASTERIA violated international law by not authorizing and continuously supervising the space activities of CUSKO

A. OST binds on ASTERIA either as signed treaty or as customary international law, because, 1) OST binds on aSTERIA as signed treaty under Article 18 of Vienna Convention on the Law of Treaties, 2) OST binds on ASTERIA as customary international law.

B. ASTERIA fails to fulfill the duty to authorizing and continuously supervising, because, 1) ASTERIA is the "concerned states" that bears the supervisory duty, 2) ASTERIA fails to fulfill its obligation of authorization, 3) ASTERIA fails to fulfill its duty of continuously supervising.

C. ASTERIA' s failure to authorizing and continuously supervising breached its duty to protect outer space environment because, 1) ASTERIA has the responsibility to protect outer space environment, 2) ASTERIA fails its duty to protect the outer space environment.

D. According to international environmental law, ASTERIA violates customary laws for preventing, reducing and controlling environmental hazards, because, 1) ASTERIA has the obligation to comply with international environmental law, 2) ASTERIA fails to comply with its obligations to prevent, reduce and control environmental hazards.

E. ASTERIA allowed CUSKO to conduct space activities without authorization and failed to continuously monitor its activities, which violated the principles of sustainable development, because, 1) ASTERIA has the obligation to comply with the principles of sustainable development, 2) ASTERIA violates the principle of sustainable development.

F. ASTERIA allowed CUSKO tocarry out space activities without authorization and failed to continuously monitor its activities, which violated the obligation to maintain international peace and security stipulated in the UN Charter, because, 1) ASTERIA has the obligation to maintain international security, 2) ASTERIA violated its obligation to maintain international peace and security stipulated in the UN Charter.

II. ASTERIA is liable for the loss of D. A. M. E. – 7T satellite and PROCLIVIA is not liable for the loss of CUSKO – E – TM satellite

A. ASTERIA is liable for the loss of D. A. M. E. – 7T under Liability Convention, because, 1) ASTERIA is the launching state of the CUSKO – E – TM satellite, 2) the loss of D. A. M. E. – 7T is damage under Liability Convention, 3) the damage is caused by the space object of ASTERIA, 4) the damage is due to the fault of ASTERIA.

B. ASTERIA shall be liable for the damage to the D. A. M. E. – 7T satellite based on general theories of international law.

C. PROCLIVIA is not liable for damage to CUSKO - E - TM satellites because, 1) PROCLIVIA enjoys the right to freedom of entry and research under Outer Space Treaty, 2) D. A. M. E. -7T has been legally approved for launch and there is no fault in its approval and launch behavior, 3) the satellite launched by PROCLIVIA did not violate international law, 4) PROCLIVIA does not violate the notification obligation.

Ⅲ. ASTERIA is internationally responsible for impeding PROCLIVIA' s exercise of the freedom of scientific investigation under both the Outer Space Treaty and the Antarctic Treaty

A. PROCLIVIA enjoys the right to freedom of scientific investigation and this right should not be impeded or interfered with, because, 1) PROCLIVIA enjoys the right to freedom of scientific investigation under both Outer Space Treaty and Antarctic Treaty, 2) PROCLIVIA' s right to freedom of scientific investigation shall be assisted by the Contracting States and shall not be impeded or interfered with.

B. ASTERIA affected the scientific investigation activities of PROCLIVIA and eventually led to the suspension of the activities because, 1) ASTERIA bears duty of refraining for impeding or interfering scientific investigation, 2) ASTERIA posed a threat to PROCLIVIA' s research and investigation environment.

ARGUMENT

I. ASTERIA violated international law by not authorizing and continuously supervising the space activities of CUSKO

1. ASTERIA, a signing party to (though not ratified) Outer Space Treaty ("OST"), violated international law by failing to perform its supervision duty and outer space environment protection duty under OST; and failing to fulfill the Sustainable Development Principle.

A. OST binds on ASTERIA either as signed treaty or as customary international law

2. OST binds on ASTERIA as signed treaty because ASTERIA has signed OST and thus shall be considered as member state to OST; or even if ASTERIA has not ratified OST, OST binds on ASTERIA as international customary law.

(1) OST binds on ASTERIA as signed treaty under article 18 of Vienna Convention on the Law of Treaties

3. ASTERIA has signed OST but yet not formally ratified OST, nevertheless the principles and relevant provisions stipulated in OST are still applicable to ASTERIA. As a member of the Charter of the United Nations and the responsibility convention, and based on Vienna Convention on the Law of Treaties ("VCLT"), OST is applicable to ASTERIA.

4. VCLT provided for 3 methods for a treaty to be effective to its member states, either by signing or by ratification. Article 14 of VCLT provided that when a treaty itself requires ratification as the pre-requisite for the specific treaty to be effective on the member state.① Paragraph 2 of article 14 of OST provided that OST shall be ratified by signing member state to be effective.②

5. However, Applicant submit that the above rule shall not be rigidly understood to reach into a conclusion that OST is not applicable to ASTERIA, rather, by apply VCLT as a whole and follows the purpose of OST, OST shall be deemed applicable to ASTERIA.

6. Article 18 specifically provided that "A State is obliged to refrain from acts which would defeat the object and purpose of a treaty when: (a) it has signed the treaty or has exchanged instruments constituting the treaty subject to ratification…" Article 18 is the very clause to deal with the situation when a treaty is not effective

① Vienna Convention on the Law of Treaties, Article 14.

② Outer Space Treaty, Article 14.2.

to a state yet. Under this article, a treaty shall not be violated even before ratification, if ratification required.

7. If a member state signed a treaty need to be ratified, it does not necessarily means the treaty is not binding on the member state at all, rather, the member state shall refrain from acting that "would defeat the object and purpose" of the treaty.

8. This has be confirmed by the International Court of Justice in re - interest of Poland in Upper Silesia, that prior to ratification of a treaty, a signing state still bears the duty of not to acting in conflict with the purpose of the treaty. ① Famous Scholar Li, Haopei confirms such an application of the law. ②

9. In the present case, it is true that ASTERIA has signed OST but yet not formally ratified OST, however, the failure of authorizing and continuously supervising the space activities of CUSKO would defeat the object and purpose of OST—the subject treaty.

10. Articles Ⅵ and 8 of OST provide that the activities of non - governmental organizations in outer space shall be subject to the approval of the state having jurisdiction over it. ③ Article Ⅵ mandated a duty of authorizing and continuously supervising: "The activities of non - governmental entities in outer space, including the Moon and other celestial bodies, shall require authorization and continuing supervision by the appropriate State Party to the Treaty. "④

11. In terms of international space law, even if non - governmental entities participate in space activities due to the entry of private capital, the main body of space activities is still the state, which exercises the continuous supervision and management power to the domestic practitioners and directly undertakes the international responsibility externally. ⑤

---

① See Publications of the Permanent Court of International Justice, Series A, No. 7, p. 30.

② Li Haopei, Introduction to Treaty Law 65 (2th ed, 2003) .

③ The Outer Space Treaty, Article Ⅵ and Ⅷ.

④ The Outer Space Treaty, Article Ⅵ.

⑤ Li Shouping, Commercial Use of Outer Space and China' s Countermeasures, Journal of Beijing University of Technology (Social Science Ed.) No. 1 (2013) p. 99 - 106.

12. Article Ⅵ of OST is the most important clause of OST and reflects the object and purpose of OST. Of all the article of OST set up obligation for member state, article Ⅵ (along with Article Ⅶ) use the wording of "responsibility", "borne" and "liability", while other articles use the wording of "should". From the wording chosen, it can be understood that article Ⅵ is of great importance.

13. In addition, Article Ⅵ of OST imposes such a strict duty to member state for areason that outer space activities are extremely risky and may cause irreparable harm to all human beings, and meanwhile could be also very profitable. Thus, a regular and continuous supervision on outer space activities are completely necessary. Article Ⅵ of OST reflects the great interest of OST to alleviate the potential harm of outer space activities.

14. For the reasons stated above, OST shall be applied to ASTERIA under Article 18 of VCLT and article Ⅵ of OST, even though ASTERIA has not yet ratify the OST.

(2) OST binds on ASTERIA as customary international law

15. International custom is the result of the repetition of similar acts by states with legal force. ① International custom consists of "usus" and "opinion juris". OST is consistent with the nature of customary international law.

16. OST meets the four standards of "usus": duration, repetition, consistency and generality of state practice. ②The practice of OST lasted from 1967 to 2028 and it was continuously applied, supplemented and strengthened by relevant resolutions of the United Nations General Assembly. "Consistency" requires the practice to be certain, not in conflicts and not fluctuant. The core principle of "peacefully exploit outer space" together with the other 8 principle are settled and not conflicts and not fluctuant. The universal acceptance of OST reflects its "generality of state practice". 110 member states joined OST, and in addition 89 states have signed OST.

17. OST also meets the requirement of "opinion juris". As stated above,

---

① Wang Tieya. International Law 14 (1995).

② Farhad Talaie, The Importance of Custom and the Process of its Formation in Modern International Law, 5 James Cook U. L. 27, 31 (1998).

more than 190 member States signed OST. Although many countries have not formally ratified the Outer space Treaty, they already have the initial will to join. This practice will become customary law when States have a strong conviction that it should be respected due to a legal obligation. Many scholars of international law also believe that the Outer Space Treaty should be treated as customary international law. For example, Gao Guozhu believes that unless its continuous behavior shows that it does not accept the principles established by certain outer space treaties, state which is not a Party to the Convention will also be largely bound by customary international law based on the relevant outer space treaties. ①

18. Therefore, the OST is in accordance with the nature of customary international law. Although ASTERIA has not ratified it, it should still fulfill its obligations (especially basic obligations) under OST.

B. ASTERIA fails to fulfill the duty to authorizing and continuously supervising

(1) ASTERIA is the "concerned states" that bears the supervisory duty

19. Article Ⅵ of the OST provided that "the concerned states" should obey the supervisory obligation. ② According to the practice of public international law, "the concerned states" means the country has the jurisdiction of outer space activities, including personal jurisdiction, territorial jurisdiction and the registration act in which the object is registered in a country. The State' s responsibility for outer space activities stems from the jurisdiction and control of its own entities. ③

20. In the present case, CUSKO is registered according to the law of ASTERIA and with its headquarter located in ASTERIA. The case material clearly stated that ASTERIA gave CUSKO tax benefit. For ASTERIA to do so, it must first have power to levy tax against CUSKO.

21. Therefore, ASTERIA has the personal jurisdiction over CUSKO, and ASTERIA satisfy the definition of "concerned states". Because of that ASTERIA

---

① Gao Guozhu, The State Responsibility of Outer Space Activities, 4 Global Law Review22, 22 (2008).

② The Outer Space Treaty, Article Ⅵ.

③ Li Jinzhu, Zhao Haifeng, A Comparison of Licensing Systems for Space Activities, 14 Journal of Beijing University of Technology (social science edition) 100, 101 (2012).

should undertake the supervisory duty under article Ⅵ of the OST.

(2) ASTERIA fails to fulfill its obligation of authorization

22. OST doesn' t regulate the specific content for authorization obligations. However, it provided that the core purpose of examination and authorization is to ensure the non-governmental entries' outer space activities are obeyed the OST and maintained the security of outer space. ①

23. As long as the purpose is not achieved, no matter what form of authorizationthe country has carried out on non-government organizations, it will be deemed to have failed to perform the authorization obligation.

24. In the present case, CUSKO has launched 150 satellites in 1 year, but ASTERIA has never implemented an authorization behavior. Not only don' t establish related procedure and content of inspection system, but also none measures are made to ensure CUSKO' s activities are safe and obey the outer space treaty. It obviously violates the authorization duty.

(3) ASTERIA fails to fulfill its duty of continuously supervising

25. The main purpose of the article 6 is to ensure activities are complied with the provision of the OST and activities are safe through continuously supervising. It doesn' t require countries have the same supervisory content. Whether it is "authorization" or "continuous supervision", the purpose is to urge the state to fulfill its regulatory obligations, ensure the safety of space activities, and ensure that damage caused by space activities can be compensated in a timely and effective manner. ② The state has discretion over how to fulfill its obligations of authorization and continuous supervision. ③

26. There is a violation as long as the action departs from the core purpose of OST which is to ensure outer space activities be safe and meet treaty requirements.

27. In the present case, the activities violate the continuously supervisory duty. There is no mandatory intervention and cannot guarantee the safety of outer

---

① S Marchisio on Article IX.

② Wang Guoyu, Yuan Jie, The Main Limitations and Effects of Outer Space Treaties on Space Activities, 17 Space Debris Research 46, 51 (2017).

③ Stephen Hobe, et al. Cologne Space Law Commentary Volume 1 Outer Space Treaty. Car heymannds Verlag 117 (2009).

space for ASTERIA to require information about plans. And it' s also not enough to reach regulatory obligations are substantively performed.

28. ASTERIA government has learned about the potential defect of the CUSKO satellites. However, besides an attempt for getting information from PROCLIVIA and receiving a report from CUSKO, ASTERIA did nothing to continuously supervise.

29. Requesting for information can' t be regarded as fulfilling its supervisory obligations because it' s not direct, and doesn' t meet the "sustainability" requirements. ASTERIA should take a higher level of diplomacy or other ways to request information during CUSKO' s activities in outer space.

30. Lastly, the unilateral declaration of the "safety zone" at the orbit isn' t a fulfillment of regulatory obligations. Meanwhile, it is the evasion and violation of supervisory obligations via additional due diligence.

C. ASTERIA' s failure to authorizing and continuously supervising breached its duty to protect outer space environment

(1) ASTERIA has the responsibility to protect outer space environment

31. One of the fundamental principles of OST is to protect outer space environment, so it also has the nature of international customary law. ①

32. ASTERIA has the obligation that should prevent causing disruption to the global environment through harmful pollution and the introduction of extra – environmental matters. At the same time, ASTERIA should take actions for the purpose when it' s necessary.

(2) ASTERIA fails its duty to protect the outer space environment

33. Harmful Contamination covers all possible kinds, forms or instances of harmful interference in outer space. ② Contamination means the harmful effects on the space environment' s balance, space activities and ecology, which brings too many substances, electric waves, radiation or other conditions to the environment

① The Outer Space Treaty, Article 9. See Li Shouping, Zhao Yun, Introduction to the Law of Out Space 18 (2009) . He Qizhi, supra note 16, at 74 .

② Stephen Hobe, et al. Cologne Space Law Commentary Volume 1 Outer Space Treaty. Car heymannds Verlag, 2009.

over its self - purification power.

34. Article Ⅸ of OST required that any pollution that may cause damage to a country' s experiment or project should be avoided. Scholar Cypser claimed that the duty was imposed to all relevant countries. ① The "appropriate consultation" is not limited to stationary measures, rather, it applies to "not only the activities which the harmful effect has been recognized, but also the appropriate measures that can recognized the activities with potential harmful effect that is not yet recognized". ②

35. In this case, ASTERIA doesn' t take active identification of risks. After declaring that the constellation did not pose any risk beyond those risks typically associated with any other space activities of that size and complexity, ASTERIA take no measures to follow up and identify to meet the "continuous" requirements. ASTERIA fails to consider that CUSKO is of interest and thus their report might be very likely biased.

36. Ultimately, as a result of none - regulated behavior and space debris, the collision produces the pollution of plutonium battery and part of the resulting debris cloud remained at its orbital altitude. It is harmful and will have negative influence on the balance of space environment and activities, which violate the principle of environment protection.

D. According to international environmental law, ASTERIA violates customary laws for preventing, reducing and controlling environmental hazards

(1) ASTERIA has the obligation to comply with international environmental law

37. According to article Ⅲ of the Outer Space Treaty, ASTERIA' s exploration and use of outer space should comply with international law. Therefore, ASTERIA should comply with its environmental protection obligations under international law, regardless of whether these environmental protection rules or obligations

① D A Cypser, International Law & Policy of Extraterrestrial Planetary Protection (1993) 33 Jurimetrics - Journal of Law, Science & Technology 315 at 324.

② Stephen Hobe, et al. Cologne Space Law Commentary Volume 1 Outer Space Treaty. Car heymannds Verlag, 2009.

are provided in "customary law, conventions, or other properties". ①

38. In the field of international environmental law, a large number of state practices, judicial decisions, declarations of international organizations, and documents of the International Law Commission, such as global and regional treaties, and "soft law" documents such as the Stockholm Declaration and Rio Declaration, and some arbitrations and judicial judgment proved the existence of the international customary law②, which is that the state has the obligation to prevent, reduce and control environmental pollution and environmental damage, so ASTERIA has the obligation to comply with this international customary law.

(2) ASTERIA fails to comply with its obligations to prevent, reduce and control environmental hazards

39. In this case, ASTERIA has the responsibility to ensure that the outer space activities under its jurisdiction or control do not harm the environment of other countries or areas beyond the scope of national jurisdiction. ③

40. However, ASTERIA failed to authorize and continuously supervise the activities of CUSKO under its jurisdiction, which eventually resulted in the generation of space debris and damage to the "environment outside the scope of national jurisdiction". ASTERIA violated this international customary law.

E. ASTERIA allowed CUSKO to conduct space activities without authorization and failed to continuously monitor its activities, which violated the principles of sustainable development

(1) ASTERIA has the obligation to comply with the principles of sustainable development

41. "Long – termsustainability of outer space activities" was proposed by the Outer Space Technology Subcommittee in 2010. Now "long – term sustainability"

---

① Stephen Hobe, Bernhard Schmidt – Ted, Kay Wu Schroger. Cologne Space Law Commentary Volume 1 Outer Space Treaty. Beijing: World Knowledge Press, 298 (2017).

② Wang Yuan. Analysis of the Legal Status of the Basic Principles of International Environmental Law. Jilin University 19, (2014).

③ Barry E. Carter, Allen S. Weiner; Translated by Feng Jiehan. Wolters Kluwer Legal Translation Series Under International Law 311 (2015).

has gradually become an important normative concept for outer space activities. ① It has become a trend of international customary law, and gradually has the nature of international customary law. ASTERIA has the obligation to follow this principle in the process of outer space activities.

(2) ASTERIA violates the principle of sustainable development

42. According to the report "We Can Share the Future" published by the World Commission on Environment and Development in 1987, sustainable development refers to "development that must not only meet the needs of contemporary people, but also not endanger the ability of future generations to meet their needs".

43. In the case, one of the main goals of the C satellite of Company C is to "provide affordable global broadband communication services for the ground." And its satellites were propelled by monostazine, a newly developed "green propellant" replacing the toxic hydrazine, which is an effort and attempt to "meet the communication needs of the present generation and reduce the harm to future generations' ability to meet their needs", and is an activity that conforms to the principles of sustainable development of outer space.

F. ASTERIA allowed CUSKO to carry out space activities without authorization and failed to continuously monitor its activities, which violated the obligation to maintain international peace and security stipulated in the UN Charter

(1) ASTERIA has the obligation to maintain international security

44. As a state party to The Charter of The United Nations, ASTERIA has the obligation to abide by The Charter of The United Nations. Article Ⅰ of The Charter of The United Nations establishes the country's purpose of maintaining international peace and security②, and creates an obligation for States parties to The Charter of The United Nations to maintain international peace and security.

45. As a state party to The Charter of The United Nations, ASTERIA is natu-

① Yin Yuhai, Yan Yongliang, Challenges Related to Long-Term Sustainability of Outer Space Activities and Their Solutions, Journal of Beijing University of Aeronautics and Astronautics (Social Sciences Edition). 20, 25 (2016).

② Si Pingping, Safeguarding the Purposes and Principles of the UN Charter and Safeguarding the Victory of the Anti Fascist War, Legal Daily 1 (2015).

rally obliged to maintain international security.

(2) ASTERIA violated its obligation to maintain international peace and security stipulated in the UN Charter

46. The obligation to maintain international peace and securityrequires the state to "take effective collective measures to prevent and eliminate threats to peace"①.

47. In the case, ASTERIA allowed CUSKO to carry out space activities withoutauthorization, so that related hidden dangers were not completely eliminated at the beginning of the space activities, which may lead to outer space accidents.

48. In the process of CUSKO's space activities, ASTERIA also failed to conduct continuous supervision and failed to detect and prevent collisions in time, which undermined the safety of PROCLIVIA (and other potential countries) in carrying out outer space activities, leading to the possibility of undermining international security. This is a violation of ASTERIA's obligation to maintain international peace and security.

II. ASTERIA is liable for the loss of D. A. M. E. – 7T satellite and PROCLIVIA is not liable for the loss of CUSKO – E – TM satellite

49. ASTERIA and PROCLIVIA are both parties to the UN Charter and the Liability Convention and should abide by the general principles of international law.

A. ASTERIA is liable for the loss of D. A. M. E. – 7T under Liability Convention

50. Article Ⅲ of the Liability Convention provides that "in the event of damage being caused elsewhere than on the surface of the Earth to a space object of one launching State or to persons or property on board such a space object by a space object of another launching State, the latter shall be liable only if the dam-

① Charter of the United Nations, Article I.

age is due to its fault or the fault of persons for whom it is responsible" .

51. In order to establish the liability of a launching state, the elements of causation, damage and proof of fault must be satisfied. ①

52. In this case, ASTERIA is liable for the loss of the CUSKO - E - TM satellite because: 1) ASTERIA is the launching state of the CUSKO - E - TM satellite, 2) The loss of the D. A. M. E. - 7T satellite is damage in the sense of the Liability Convention, 3) The damage is caused by the space object of ASTERIA, 4) The damage is due to the fault of ASTERIA. ②

(1) ASTERIA is the launching state of the CUSKO - E - TM satellite

53. According to article Ⅰ (c) of the Liability Convention, the term "Launching State" means a State which launches or procures the launching of a space object or a State from whose territory or facility a space object is launched. ③

54. Committee on the Peaceful Uses of Outer Space Uses ("COPUOS") has provided specific standard for "launching state", which is "...2) a state which provides facilities for launching a space object, ...4) a state which is the owner or possessor of a space objects, 5) a state which procures the launching of a space object" . ④

55. Some scholars believe that the concept of launch country has been regarded as the key to impose restrictions on countries benefiting from the launching business. Two kinds of benefit were envisaged, which are: the benefit a State derived from the successful orbiting of a space object and the commercial benefit of launch service providers. ⑤

56. ASTERIA not only provided tax incentives and offered land to build company premises for CUSKO construction land for the launch of the CUSKO - E - TM

---

① Bernhard/Schrogl, Kai - Uwe (eds.), Cologne Commentary on Space Law, Volume II, Heymanns, Cologne . 132 (2013) .

② Ibid.

③ Liability Convention, Arlicle Ⅰ (c) .

④ Li Shouping and Zhao Yun, The Outer Space LAW. 83 (2009) .

⑤ Bernhard/Schrogl, Kai - Uwe (eds.), Cologne Commentary on Space Law, Volume II, Heymanns, Cologne . 114 (2013) .

satellite, but also implemented assisted launch activities and sought tourism interests, satisfying the criteria of "national benefits" and "launching countries". Thereby, ASTERIA is the launching state of the CUSKO – E – TM satellite.

(2) The loss of D. A. M. E. –7T is damage under Liability Convention

57. Liability Convention defines "damage" as "loss of life, personal injury or other impairment of health; or loss of or damage to property of States or of persons, natural or juridical, or property of international intergovernmental organizations"①.

58. In the case at hand, D. A. M. E. – 7T satellite isthe property of PROCLIVIA and has been destructed in the collision. Hence, there exists damage in the sense of the Liability Convention.

(3) The damage is caused by the space object of ASTERIA

59. There are two main rules for causality, namely, the "but for test" in Civil Law and the "the reasonable contemplation test" in Common Law.

60. The most widely used test and most vehemently criticized is "the but for test" or, as it is more often encountered outside the common law world, the sine – qua – non test. Omission of the defendant is the cause of the harmful outcome if the outcome would not have occurred without that act or omission. It is of particular interest for international law because it has also been used by international courts and tribunals, either explicitly or implicitly. ②

61. "The reasonable contemplation test" refers to determining whether there is a legal cause and effect relationship between the act and the damage by judging whether the risk of causing damage to the plaintiff in the act of harm committedby the defendant is within the reasonable foreseeable range. ③ Some domestic scholars insisted on applying the "equivalence rule"④ (similar to the reasonable con-

① Liability Convention, Arlicle Ⅰ (a).

② Plakokefalos, Ilias, Causation in the Law of State Responsibility and the Problem of Overdetermination: In Search of Clarity, European Journal of International Law. 471, 492 (2015).

③ Li Xiaowei, Research on Hypothetical Causality in Tort Law, Southwest University of Political Science and Law. (2017).

④ Wang Liming, Discussion on Causality in Wang Liming' s Civil Law, Journal of Renmin University of China. 80, 86 (1992).

templation test) in determining the causality of fault liability, that is, by judging whether the behavior of the actor in accordance with the usual development process of the affairs leads to "a significant increase of the possibility of damage". It means that if the actual risk of the damage will increase accordingly, there will be a causality between the behavior and the damage.

62. In this case, there is no doubt that the damage to D. A. M. E. -7T satellite is due to the movement of CUSKO-E-TM satellite. On 15 September 2028, D. A. M. E. -7T satellite has been destructed after colliding with a CUSKO-E-TM satellite.

63. According to the case material, as the approach of the D. A. M. E. -7T, the SARASTRO system of CUSKO-E-TM mistakenly took the D. A. M. E. -7T as massive space object and executed an emergency escape maneuver. The maneuver caused the CUSKO-E-TM to be relocated in a position that not known to PROCLIVIA and to the Waltzing Wizard system. Waltzing Wizard system of the D. A. M. E. -7T then executed its own emergency escape manoeuvre, and because the uncoordinated emergency manoeuvre, D. A. M. E. -7T and CUSKO-E-TM collided with each other.

64. According to the "the reasonable contemplation test" and "equivalence rule", for this collision, ASTERIA has a reasonably foreseeable possibility. The reason lies in the fact that the combination of satellite disappearance and close range has already occurred in C satellite, and the possibility that the danger will continue to occur is completely predictable. Secondly, ASTERIA did not take preventive measures against the potential danger, and its unapproved and subsequent laissez-faire attitude significantly increased the possibility of danger.

65. According to the "but for test", If ASTERIA does not modify the parameters of the C satellite or informs the fact that the parameters have been modified, it will not cause two uncoordinated emergency escape operations, nor will a collision event occur.

66. Therefore, according to the above rules, there is a causality between CUSKO-E-TM's activities and the damage of D. A. M. E. -7T satellite.

(4) The damage is due to the fault of ASTERIA

67. Article Ⅲ of Liability Convention does not define the ambiguous term

"fault", nor does it establish a specific standard of care for those conducting outer space activities. With no indication as to the plain and ordinary meaning of the term in the Liability Convention itself, it is advisable to turn to the "object and purpose" of the treaty for clarification. ①

68. Turning to the context of the Liability Convention for the purposes of interpretation, the Outer Space Treaty, being a framework convention based on which the Liability Convention operates, is an instrument that can assist in this investigation. ②

69. Article Ⅲ of the Outer Space Treaty outlines that, "States Parties to the Treaty shall carry on activities in the exploration and use of outer space, including the Moon and other celestial bodies, in accordance with international law". It is therefore necessary to refer to "long – established rules of customary international law". ③

70. Pursuant to article 31 (3) (c) of the VCLT, namely any relevant rules of customary international law as "evidence of a general practice accepted as law". It is therefore understood that the notion of fault used in article Ⅲ of the Liability Convention generally refers to violation of a legal obligation required by international law. ④ Usually, in international law, fault can be established through lack of compliance with treaty obligation, breach of a duty of care or failure to comply with established norms of behavior. ⑤

71. Under this premise, ASTERIA is at fault for the damage of the D. A. M. E. – 7T satellite because, 1) ASTERIA violates the due diligence obligation, 2) ASTERIA violates the Outer Space Treaty and the principle of Non – misuse of rights, 3) Subjectively, ASTERIA has an indifferent and laissez – faire attitude towards the damage result.

---

① Vienna Convention on the Law of Treaties (VCLT) 1969, 1155 UNTS 331, Article 31 (1).

② Ibid, Article 31 (3) (b).

③ Bernhard/Schrogl, Kai – Uwe (eds.), Cologne Commentary on Space Law, Volume I, Heymanns, Cologne. 167 (2009).

④ Bernhard/Schrogl, Kai – Uwe (eds.), Cologne Commentary on Space Law, Volume II, Heymanns, Cologne. 133 (2013).

⑤ Newman, Christopher, Ralph Dinsley, and William Ralston, Introducing the Law Games: Predicting Legal Liability and Fault in Satellite Operations, Advances in Space Research (2020).

(a) ASTERIA violates the due diligence obligation

72. It has been contended that the due diligence shall be regarded as the principal obligation on states with a fault standard. ①The general principle on which specific due diligence obligations are modeled was articulated in the International Court of Justice's (ICJ) Corfu Channel decision. ②

73. This is the duty incumbent upon states "not to allow knowingly their territory to be used for acts contrary to the rights of other States"③. The due diligence obligation established in the Corfu Channel decision is part of customary international law and, therefore, applies to space activities. It obliges states to observe certain conduct with respect to a particular activity④ and contains an element of "good faith in terms of neighbourly relations"⑤.

74. In this sense, ASTERIA has violated the due diligence obligation because of the following reasons. Firstly, ASTERIA did not use its "best effort" to try to prevent damage occurring to PROCLIVIA. The due diligence obligation incumbent on states is to use their best efforts to try to prevent damage or harm occurring to other states⑥, which, however, was not abided by ASTERIA.

75. Simply allured by the prospects of publicity and tourism interest, the ASTERIAN authorities invited CUSKO to relocate to ASTERIA. CUSKO then lauched and deployed the first CUSKO-E-TM satellites without any formal approval by ASTERIA, despite the fact that it was impossible to qualify and quantify the associated risks of launching the novel satellites.

76. Attorney-General of ASTERIA even contended that it was not necessary to enact any specific national space law in spite of the fact that it is possible and

---

① Dennerley, Joel A, State Liability for Space Object Collisions: The Proper Interpretation of "Fault" for the Purposes of International Space Law, European Journal of International Law. 281, 301 (2018).

② Corfu Channel case (United Kingdom v. Albania), Judgment, 9 April 1949, ICJ Reports (1949) 4.

③ Ibid, at p. 22.

④ A. Kees, Responsibility of States for Private Actors, March 2011, at para. 3.

⑤ Kulesza, Due Diligence in International Internet Law, Journal of Internet Law. 27 (2014).

⑥ J. Crawford, State Responsibility: The General Part. 229, 230 (2013).

practical to enact such a law.

77. As Dionisio Anzilotti explains, the duty of due diligence is notto "prohibit absolutely... injurious acts arising from its territory, but merely to adopt a specific policy for the prevention and repression of such acts" .

78. Nevertheless, ASTERIA did not follow this basic requirement of due didigence obligation, let alonetaking its best effort to comply with the obligaton to prevent potential harm from happening.

79. Therefore, ASTRERIA has violated the due diligence obligation by not using its "best effort" to try to prevent damage.

(b) ASTERIA did not notify PROCLIVIA and United Nation the potential risks of CUSKO - E - TM satellites

80. Due diligence means "the diligence reasonably expected from, and ordinarily exercised by, a person who seeks to satisfy a legal requirement or to dischage an obligation" . ①

81. When the Discovery Journal reported that both the functioning of the monostazine - propelled engines and the SARASTRO system had raised concerns among the mission support experts of CUSKO and several satellites had been lost within weeks after their deployment and at least one unplanned close conjunction event occurred.

82. Knowing that, ASTERIA did not expressly notify PROCLIVIA or the United Nation to take safety precautions or any other safeguard measures, which was supposed to be ordinarily exercised by a person who was involved in space activities and sought to satisfy legal obligation under international law.

83. All that has been done by ASTERIA is merely to request CUSKO management to clarify potential risks and seek for a copy of technical documentation of CUSKO. On account of lack of specific notification of potential risks, it is not possible for PROCLIVA to foresee the catastrophic events and take further measures to avoid the risk.

84. Therefore, ASTERIA failed to exercise due diligence by not notifying

---

① Bryan A. Garner, Definition of "due diligence", Blacks Law Dictionary. 1376 (2004) .

PROCLIVIA and United Nation the potential risks of CUSKO – E – TM satellites.

(c) ASTERIA failed to continuously supervise and regulate the space activities of CUSKO

85. "Due diligence" also refers to "the care that a reasonable person exercises to avoid harm to other persons or theirproperty"①. ASTERIA was supposed to take careful considerations that a reasonable person may exercise to avoid potential harm.

86. In the space context, a reasonable person as the controller of a space object would definitely put intense attention on the activities of the space object and all relevant circumstances. Article Ⅵ of OST specifically imposed the duty to continuously supervise and regulate the space activities, and obviously ASTERIA failed to perform it duty.

87. In the case, however, ASTERIA did not continuously supervise and regulate the space activities of CUSKO, nor did it take any substantive efforts to avoid or at least minimize the potential risks.

88. Instead, after simply requesting CUSKO management to provide clarifications of potential risk, which is not detailed though, it conducted no further attempts to reach out more information. Hence, ASTERIA violated the due diligence obligation by not continuously supervising and regulating the space activities of CUSKO.

(d) ASTERIA violates the principle of Non – misuse of rights

89. In view of the high risk of outer space activities, caution should be exercised in this area according to the principle that "states must not do anything unless it is mandated by the law". ②

90. Pursuant to article Ⅱ of the Outer Space Treaty, Outer space, including the Moon and other celestial bodies, is not subject to national appropriation by claim of sovereignty, by means of use or occupation, or by any other means.

---

① Susan Ellis Wild, Definition of Due Diligence, Merriam – Webster Dictionary, Wiley Publishing. 134 (2020).

② Hersch Lauterpacht, Oppenheim' s International Law, Volume Ⅰ (1). 258 (Wang Tieya trans, 1989).

91. "Appropriation" shall not only be understood as ownership but also the right of domination.① The establishment of "safety zone" by ASTERIA will give rise to the "domination" of outer space and indirectly constitute the "appropriation" of outer space, which is a serious derogation from article Ⅱ of the Outer Space Treaty.

92. CUSKO sets a limit of "500 meters" on the "maritime safety zone system" and states "duty to take into account". Outer space is an area more dangerous than the sea. Through a reasonable analogy, ASTERIA should demarcate at least the minimum physical area "sufficient" for the exercise of rights in the safe areas and take the necessary safety measures to mitigate the risks of the establishment of the safe areas, such as the details of the announcement of the safe areas and CUSKO – E – TM orbit information.

93. However, no measure has been taken by ASTERIA. The safety zone set by ASTERIA claims the entire orbit, which in essence impedes the free exploration of outer space by other states and contravenes the principle of international law that rights cannot be abused.

94. ASTERIA unilaterally requires other countries to apply for and inform the relevant information if intending to enter or cross its safety zone, which is a violation of the principle of sovereign equality by establishing national obligations for other sovereign states without any legal authorities in international law.

(e) ASTERIA has an indifferent and laissez – faire attitude towards the damage resulted

95. National liability by fault is usually reflected as a comparative negligence of states when preventing damage.② ASTERIA is aware of the potential risks of CUSKO – E – TM satellites and CUSKO's malicious circumvention of approvals. Nevertheless, it permitted the launch without any approval for the purpose of seeking dividends.

---

① Hu Jianfa, Xia Chunli, Comment on the Building Blocks for the Development of International Framework on Space Resource Activities (Draft), 32 Journal of Beijing University of Aeronautics and Astronautics (social sciences edition). 136, 141 (2019).

② Li Shouping, Zhao Yun, The Outer Space Law, Guangming Daily Press. 83 (2009).

96. Therefore ASTERIA authorities were negligent about the consequence and potential risks; After the Discovery Journal' s disclose of the disappearance, close conjunction event and other serious operational problems, ASTERIA merely listened to CUSKO' s incomplete report without further attempts to take any preventive measures, which suggests that ASTERIA has been taking an indifferent and laissez - passer attitude towards the continued occurrence of damages as can be reasonably foreseen.

97. Hence, there exist faults from a subjective point of view of ASTERIA. Therefore, ASTERIA is at fault for the damage to the D. A. M. E. -7T satellite.

98. In conclusion of all above, ASTERIA shall be liable under the Liability Convention for the loss of D. A. M. E. -7T satellite.

B. ASTERIA shall be liable for the damage to the D. A. M. E. -7T satellite based on general theories of international law

99. According to the general principles of international law, state responsibility refers to the consequences arising from internationally wrongful acts, the international non forbidden acts and the international crimes made by the subject of international law. ①

100. On the one hand, in the commentary to article 3 of the "Draft Provisions on State Responsibility", the Committee clearly mentioned: "Any breach ofanother country' s international obligations... means a certain degree of damage to that country."

101. On the other hand, article I of the "Draft Articles on State Responsibility for Damage Caused by Acts Not Prohibited by International Law" only stipulates inprinciple that "Anything that is not prohibited by international law, carried out within the territory of a country, and its tangible consequences may cause significant transnational hazardous damage".

102. State responsibility for damage caused by actions not prohibited in international law is reflected in the state' s non - fulfilment of negative obligations, such as prevention and cooperation obligations.

---

① Rene provost, State Responsibility in International Law, Libraries of Essays in International Law, 188 (2002).

103. The Oppenheim International Law also stated that "basis of responsibility" is also believed to be "for private acts, state responsibility is based on negligence, so it is usually necessary to show that the state has failed to prevent damage or punish offenders or failed to pay considerable attention".

104. In this case, ASTERIA first violated the aforementioned international legal obligations, including due diligence obligations for space activities and the obligation not to abuse rights. ASTERIA has not fulfilled sufficient obligations of prevention and cooperation. ASTERIA, bordering PROCLIVIA and maintaining a friendly neighborhood, was supposed to know about its launch mission, especially that the D. A. M. E. -7T satellite would pass through the orbit of the CUSKO constellation. However, after adjusting the satellite technical parameters, including the emergency escape protocol, ASTERIA did not providing PROCLIVIA with any information on the final configuration of the satellite cluster and the SARASTRO software programming parameters, which was an breach of the spirit of international cooperation.

105. The liability of compensation for damage caused by an internationally unprohibited act does not depend on the wrongfulness of the act, but on the result which is the objective damage. That is, whenever some transboundary damage has been caused, especially concerning the peaceful use of nuclear materials, aerospace activities, and ocean-going oil transport, whether the act is legal or illegal, the state related shall be responsible for compensation.

C. PROCLIVIA is not liable for damage to CUSKO-E-TM satellites

106. According to the foregoing arguments, state liability can only be established for damage committed in "outer space" if all the requirements of article Ⅲ of the Liability Convention are met. In this case, firstly, PROCLIVIA does not have any fault andis not liable for compensation for the following reasons.

(1) PROCLIVIA enjoys the right to freedom of entry and research under Outer Space Treaty

107. Outer Space freedom principle indicates that the outer space should not be subjected to claims for any state, and spacecrafts shall be entitled to free flight, access, transmission of information, development of space science research and access to the outer space of natural resources for the common interests of man-

kind, and is empowered to implementation and the construction of the corresponding space facilities. ①The purpose of the D. A. M. E. –7T is to carry out a physical science programme, which is consistent with the provisions of the Outer space Treaty.

(2) D. A. M. E. –7T has been legally approved for launch and there is no fault in its approval and launch behavior

108. Article Ⅵ of the OUTER space Treaty does not provide for specific measures for approval by States, but does specify two types of conditionsfor ratification: Firstly, to ensure that the implementation of activities complies with the provisions of the outer space treaty; Secondly, to ensure the safety of activities. In this case, PROCLIVIA has complete space legislation and approval procedures, and its refusal to approve CUSKO – E – TM satellite shows that PROCLIVIA has rigorous approval procedures and standards with special emphasis on the safety of space activities. Therefore, it can be inferred that the smooth launch of D. A. M. E. –7T satellite conforms to the approval standards of the country, and there is no foreseeable risk of instability. Thirdly, the risk mitigation measures taken by D. A. M. E. –7T Satellite have reached the general professional level, that is, the necessary procedures and scientific and technological measures have been taken by PROCLIVIA to ensure the safety of the activities.

(3) The satellite launched by PROCLIVIA did not violate international law

109. Since ISO is a non – governmental organization and does not have legislative power under international law, the PAMINA is not an international treaty. This document is merely provisions in principle, without specifying a specific system, and has not been widely recognized and observed by countries, thereby it does not constitute international customary law. Therefore, it is not necessary for PROCLIVIA to adhere to this standard. As a space power with mature technology, PROCLIVIA has its own technology enough to meet the general standards of outer space exploration, and there is no evidence to prove that D. A. M. E. –7T Satellite has technical defects.

---

① Feng Guodong, On the Legal Connotation and Right Boundary of Outer Space Freedom, Research on Law and Commerce. 153, 161 (2016).

（4） PROCLIVIA does not violate the notification obligation

（a） PROCLIVIA has complied with the obligations under the Outer Space Treaty and the Registration Convention

110. PROCLIVIA, as a state party to the Registration Convention, only has an obligation to register information with the United Nations; PROCLIVIA had been heavily advertised in the months before the D. A. M. E. –7T launch, meeting the requirement to "inform the public and the national scientific community"; The use of the word "agree to", rather than "shall", in the Outer Space Treaty, proves that "notification" is not accurate as a mandatory obligation. Therefore, the notification obligation for PROCLIVIA should not be excessive, as long as it is known to the general public and the United Nations, and there is no need to provide more detailed information on satellite operations and satellite technology.

（b） PROCLIVIA does not violate the duty of "due regard" under Outer Space Treaty

111. The "due regard" provided in article Ⅸ of the Outer Space Treaty usually refers to a requirement for transparency in activities and the necessary measures to be taken. As far as space activities are concerned, it may be considered that the operator of a space object acting in a recognized professional manner constitutes due regard and, even if the professional opinion does differ, does not violate his duty of care and assumes no responsibility for any damage caused by the collision of space objects.① PROCLIVIA made vigorous publicity in the months before launch and adopted the WALTZING WIZARD circumvention system as a necessary precautionary measure in a general professional manner. PROCLIVIA has already fulfilled its reasonable duty of care and should not be faulted for not providing more detailed information.

（c） PROCLIVIA has fulfilled the relevant duty of care

112. In respect of space activity, the assumption could, therefore, be made that provided opera tors of space objects act in an accepted professional manner,

① Newman, Christopher, Ralph Dinsley, and William Ralston, Introducing the Law Games: Predicting Legal Liability and Fault in Satellite Operations, Advances in Space Research (2020).

even if professional opinion does differ, they would not be in breach of their duty of care and consequently would not be liable for any damage caused by the collision of space objects. ①

113. In this case, PROCLIVIA has done the same level of care obligations as ordinary experts in satellite approval, launch, supervision and technical design, and there is no fault in the whole process. Hence, PROCLIVIA is not liable for damage for loss of CUSKO – E – TM satellites.

114. In conclusion, ASTERIA is liable under international law for the loss of the D. A. M. E. –7T satellite and PROCLIVIA is not liable under international law for the loss of the CUSKO – E – TM satellite.

Ⅲ. ASTERIA is internationally responsible for impeding PROCLIVIA' s exercise of the freedom of scientific investigation under both the Outer Space Treaty and the Antarctic Treaty.

A. PROCLIVIA enjoys the right to freedom of scientific investigation and this right should not be impeded or interfered with

115. PROCLIVIA is not only a signatory of the five United Nations outer space treaties, but also a signatory to the Antarctic Treaty. It is bound and protected by both Outer Space Treaty and the Antarctic Treaty, and legally enjoys the freedom of scientific investigation stipulated by the two treaties.

116. In this case, PROCLIVIA' s right to freedom of scientific investigation should be interpreted as the parental right (the right of freedom of scientific investigation) and the obligation of other countries not to impede, influence or interfere with its scientific investigation.

(1) PROCLIVIA enjoys the right to freedom of scientific investigation under both Outer Space Treaty and Antarctic Treaty.

---

① Ibid.

117. Article Ⅰ of The Outer Space Treaty provides that outer space, including the Moon and other celestial bodies, shall be free for exploration and use by all States without discrimination of any kind, on abasis of equality and in accordance with international law, and there shall be free access to all areas of celestial bodies; There shall be freedom of scientific investigation in outer space, including the Moon and other celestial bodies. ①

118. Article Ⅱ of The Antarctic Treaty provides that freedom of scientific investigation in Antarctica and cooperation toward that end, as applied during the International Geophysical Year, shall continue, subject to the provisions of the present Treaty. ②

119. The principle of freedom of outer space is an important cornerstone of outer space law. The lowest limit of "freedom" is freedom of entry, the core is freedom of flight, and the original intention is the freedom of scientific research in outer space. ③ "Scientific investigation" can be space activities such as earth observation and outer space experiments. ④

120. Moreover, although The Antarctic Treaty does not clearly define the definition of Antarctic scientific investigation, according to article 31 of VCLT, the interpretation of the treaty should not deviate from the principle and purpose of the treaty. ⑤From the emphasis on "peaceful purposes", "interests of all mankind" and "scientific progress" in Antarctic Treaty, it can be seen that demilitarized scientific investigations that conform to the interests of all mankind and are conducive to scientific progress are all legitimate acts encouraged and supported by the Antarctic Treaty.

121. All States have the freedom to conduct scientific investigations in Antarc-

---

① Outer Space Treaty. Article I.

② Antarctic Treaty. Article Ⅲ.

③ Feng Guodong, On the Legal Connotation and Right Boundary of Outer Space Freedom, 33 Research on Law and Commerce. 153, 161 (2016).

④ Stephan Hobe, et al., Cologne Commentary on Space Law, Vol. 1 Outer Space Treaty (Li Shouping trans. 3 (2017).

⑤ https://treaties.un.org/doc/Treaties/1980/01/19800127% 2000 - 52% 20AM/Ch _ XXIII_ 01.pdf.

tica under article Ⅱ of the Antarctic Treaty. ①The "freedom of scientific investigation" is preserved in article II of the Antarctic Treaty.

122. It directs that signatories to the treaty can conduct scientific research of any kind anywhere in the Antarctic, without further permission. ② PROCLIVIA established a scientific research station in Antarctica and launched D. A. M. E. -7T satellite for the monitoring of Antarctic scientific examination data. These acts are in full compliance with article II of the Antarctic Treaty, and PROCLIVIA lawfully exercise the right to freedom of scientific investigation.

123. In this case, PROCLIVIA has two scientific investigation activities. One is that PROCLIVIA launched and registered the D. A. M. E. - 7T Government Earth Observation Satellite to outer space; the other is that PROCLIVIA has set up SEEKER - I and SABERT - V in Antarctica to conduct Antarctic scientific investigations.

124. Launching D. A. M. E. -7T Government Earth Observation Satellites is a space activity that complies with the rules of international law to conduct scientific investigations. The satellites can observe relevant conditions in Antarctica and its surrounding areas through outer space, and promote scientific investigations in Antarctica. The activity is a space activity of earth observation and a legal scientific investigation.

125. These two activities are scientific projects carried out in the International Geophysical Year (IGY), which not only directly conform to the provisions of article Ⅰ of the Outer Space Treaty and article Ⅱ of the Antarctic Treaty, but also conform to the purpose and purpose of the two treaties.

(2) PROCLIVIA' s right to freedom of scientific investigation shall be assisted by the Contracting States and shall not be impeded or interfered

126. In the exploration and use of outer space, including the Moon and other celestial bodies, States Parties to the Treaty shall be guided by the principle of co-

① The Antarctic Treaty, Article II.

② Provided by The Conversation APA citation: What Any Country Can and Can' t do in Antarctica, in the Name of Science (2018, October 31) retrieved 28 October 2020, by Julia Jabour.

operation and mutual assistance and shall conduct all their activities in outer space, including the Moon and other celestial bodies, with due regard to the corresponding interests of all other States Parties to the Treaty. ① And the principle of cooperation is regarded as one of the general principles of international space law which has been further developed by the UNGA. ② These UNGA Resolutions though are not legally binding, but a number of rules which in the form of UNGA Resolutions express opinion juris and can thus develop into customary rules. ③

127. Article Ⅹ of The Antarctic Treaty provides that each of the Contracting Parties undertakes to exert appropriate efforts, consistent with the Charter of the United Nations, to the end that no one engages in any activity in Antarctica contrary to the principles or purposes of the present Treaty. ④

128. Article Ⅸ of OST emphasizes that the parties to the treaty should take into account the equal interests of other countries, and the parties to the treaty should disclose information about their outer space activities to the public and other parties as far as possible in order to take into account the equal interests of other countries to avoid conflicts and disturb the order of outer space.

129. In general, in the area of environmental protection and highly dangerous activities, "the state' s commitment to take 'appropriate measures' or 'make appropriate efforts' to control or reduce transnational damage caused by its activities" is a universally recognized principle of the international community. ⑤ The understanding of "appropriate effort" in the Antarctic Treaty should not be limited to actions in the Antarctic, but various efforts without space restrictions. This naturally includes the efforts to prevent the Antarctic scientific research from being affected by outer space activities.

---

① Outer Space Treaty, Article Ⅸ.

② Hobe, Stephan/Schmidt - Tedd, Bernhard/Schrogl, Kai - Uwe (eds), Cologne Commentary on Space Law, Volume Ⅲ, Carl Heymanns, Cologne. (2015).

③ Hobe, Schmidt - Tedd, Schrogl, Cologne Commentary on Space Law Volume I. 51, 52 (2017).

④ Antarctic Treaty, Article Ⅹ.

⑤ Mu Yaping, Zhou Jianhai, Wu Hui, The Theory of Contemporary International Law, LAW PRESS. 188 (1998).

130. As a signatory of the Outer Space Treaty and the Antarctic Treaty, PROCLIVIA has the right to freely enter outer space to conduct legal scientific investigations without discrimination or hindrance in accordance with the provisions of the treaty, and also has the right to freely conduct scientific research activities in Antarctica. ①

131. The first sentence of article IX of OST deals with the principle of cooperation, qualified by the element of mutual assistance and due regard for the corresponding interests of other States. ②A State is entitled to undertake activities that would not threaten the activities of other States. ③

132. Therefore, ASTERIA shall make due diligence and obligation to assist PROCLIVIA, which includes providing PROCLIVIA with any information about the final arrangement of the satellite constellation and the programming parameters of the SARASTRO software, ensuring that the outer space activities under its jurisdiction do not impede the legal scientific research investigations of PROCLIVIA.

133. However, ASTERIA has neither fulfilled its information disclosureobligations, nor has it made due efforts to prevent other countries' scientific research activities from being impeded. According to Article 42 of the Draft Articles on State responsibility for internationally wrongful acts adopted by the International Law Commission in 2001, the injured State is entitled to invoke such State responsibility as the State whose rights and interests are directly affected by a violation of conventional or customary norms. ④Thus, ASTERIA is internationally responsible for violating principles.

B. ASTERIA affected the scientific investigation activities of PROCLIVIA and eventually led to the suspension of the activities

(1) ASTERIA bears duty of refraining for impeding or interfering

---

① Walter D. Reed, The Outer Space Treaty - Freedoms - Prohibtions - Duties, 9 United States Air Force JAG Law Review 26 (1967).

② Hobe, Schmidt - Tedd, Schrogl, Cologne Commentary on Space Law Volume I. 295 (2017).

③ Ibid, at p. 296 - 297.

④ UNGA Res. 56/83, Responsibility of States for Internationally Wrongful Acts, Annex, 28 January 2002.

scientific investigation

134. Article Ⅲ of OST provides that States Parties to the Treaty shall carry on activities in the exploration and use of outer space, including the Moon and other celestial bodies, in accordance with international law, including the Charter of the United Nations, in the interest of maintaining international peace and security and promoting international cooperation and understanding. ①

135. According article Ⅲ of OST, ASTERIA is not only restricted by The Outer Space Treaty, but also should follow other principles and regulations of international law, which naturally includes IADC and relevant international environmental law rules.

(2) ASTERIA posed a threat to PROCLIVIA's research and investigation environment

(a) According to IADC, ASTERIA should minimize the possibility of its outer space activities causing threats or substantial damage to other contracting states

136. IADC article 5. 2. 2 requires countries to minimize the possibility of potential debris generation during the operational phase, and further requires countries to conduct regular monitoring of their spacecraft in the operational phase to detect failures that may cause rupture or loss of control functions and if any failure is found, appropriate recovery measures should be taken. ②

137. In addition, IADC article 5. 2. 3 requires countries to avoid deliberate destruction and other harmful activities, and further explains that states should avoid deliberate destruction of aircraft or the orbital environment (such as self-destruction, deliberate collision), and other hazardous activities that may significantly increase the collision risk of aircraft and orbital environment.

138. The above two regulations first require that countries' operations in outer space activities should try to avoid the possibility of generating space debris and other threats, and further require that countries should not pose threats to other countries' outer space activities.

---

① Outer Space Treaty. Article Ⅲ.

② https://www.iadc-home.org/documents_ public/view/page/1/id/158#u "IADC-04-06_ Support_ to_ IADC_ Guidelines_ Rev5.7" (last accessed on 11/26/2020).

139. In this case, ASTERIA has not fulfilled its regulatory approval obligations, and its CUSKO – E – TM satellite has a debris risk in operation, and this riskexists in the orbit of the D. A. M. E. –7T satellite group.

140. Therefore, ASTERIA's preemptive behavior poses a threat to PROCLIVIA's follow – up research and investigation behavior. When the satellite group presented a significant risk, it did not make proper efforts to reduce or even eliminate the risk, which not only caused damage to the outer space orbit environment, but also led to subsequent collisions.

(b) ASTERIA's unilateral act of setting up safe areas impeded PROCLIVIA's right to free exploration

141. Article Ⅱ of OST provides that outer space, including the Moon and other celestial bodies, is not subject to national appropriation by claim of sovereignty, by means of use or occupation, or by any other means. ①

142. First of all, the principle of non – ownership is the second guarantee for "free exploration and use of outer space" and "freedom of scientific investigation".

143. "Claim of sovereignty" refers to the state directly claiming sovereignty to claim outer space as its own; "use or occupation" means that countries cannot claim ownership on the grounds of exploring and using outer space. ②

144. Although "any other method" does not specify which methods are available, the use of "package" provisions ensures that any state, non – state entity, or natural person can not claim ownership in outer space. ③

145. In the present case, ASTERIA unilaterally set up a "safe zone" and required the entering country to submit information in advance to a certain degree of "sovereign control". It unilaterally imposed redundant obligations on other countries and was not a legitimate and legal act in outer space.

---

① Outer Space Treaty. Article Ⅱ.

② "Possession" is a way for countries in traditional international law to obtain territory. As long as the country exercises continuous, peaceful and effective control over this land, it can claim legal rights over unowned land.

③ Hobe, Schmidt – Tedd, Schrogl, Cologne Commentary on Space Law Volume Ⅰ. 3 (2017).

146. The acts of unilaterally setting up a "safe zone" affects the realization of PROCLIVIA' s legal rights to freely enter, fly, explore outer space, and conduct scientific investigations. Under ASTERIA' s "safe zone" regulation, other countries including PROCLIVIA has to report to and get approval from ASTERIA before taking outer space activities, if the activities will encounter the "safe zone", and that is obviously a violation to the freedom of scientific investigation.

147. For the forgoing reasons, ASTERIA' s failure to fulfill its treaty obligations violated international laws and regulations and caused the interruption of PROCLIVIA' s scientific research activities. It should bear corresponding international responsibilities.

(c) According to the relevant principles of international environmental law, ASTERIA should ensure that activities under its jurisdiction and control do not cause damages to other States or regions beyond their national scope

148. The 1972 United Nations Conference on the Human Environment advocated that "states have the responsibility to ensure that activities within their jurisdiction or control do not cause damage to the environment of other States or of areas beyond the limits of national jurisdiction". ① A. Res 2996 recalled principles 21 and 22 of the Declaration of the United Nations Conference on the Human Environment concerning the international responsibility of States in regard to the environment. ②

149. In this case, ASTERIA failed to perform its authorization and supervision obligations and failed to effectively govern and control CUSKO – E – TM, resulting in a collision between CUSKO – E – TM and D. A. M. E. – 7T satellite.

150. On the one hand, this collision caused damage to PROCLIVIA' s space scientific investigation tool (D. A. M. E. – 7T satellite), which forced its space science survey activities to be suspended, and lost the scientific research data collected by the D. A. M. E. – 7T satellite.

---

① Carl Q. Christol, International Liability for Damage Caused by Space Objects, The American Journal of International Law. 346, 371 (1980).

② International Responsibility of States in Regard to the Environment. A/Res/2996 XXVII.

151. On the other hand, the debris caused by the collision crashed in Antarctica, resulting in long - term irreversible pollution of the Antarctic scientific research environment, which forced PROCLIVIA' s decades - long scientific research activities and scientific research plans in Antarctica to be suspended, seriously damaging PROCLIVIA' s long - term layout of Antarctic terrestrial scientific investigation and impeded the normal exercise of the right to freedom of scientific investigation in the future.

152. In conclusion, ASTERIA is internationally responsible for impeding PROCLIVIA' s exercise of the freedom of scientific investigation under both the Outer Space Treaty and the Antarctic Treaty.

SUBMISSIONS TO THE COURT

For the foregoing reasons, the PROCLIVIA (Applicant) respectfully requests the Court to adjudge and declare that:

1. ASTERIA violated international law by allowing CUSKO to carry out space activities without approval and continuous supervision;

2. ASTERIA is liable under international law for the loss of the D. A. M. E. -7T satellite and PROCLIVIA is not liable under international law for the loss of the CUSKO satellite.

3. ASTERIA is internationally responsible for impeding PROCLIVIA' s exercise of the freedom of scientific investigation under both the Outer Space Treaty and the Antarctic Treaty.

Respectfully submitted,

____

Agent for the Applicant

Team 2010

第六章　第十七届国际空间法模拟法庭竞赛答辩方英文诉状（2）

MANFRED LACHS SPACE LAW MOOT COURT COMPETITION（2021）

Team No. 2010

IN THE

INTERNATIONAL COURT OF JUSTICE

AT THE

PEACE PALACE, THE HAGUE

Case Concerning Mega – Constellations, Autonomous Space Operations and Freedom of Scientific Investigation

PROCLIVIA

（APPLICANT）

v.

ASTERIA

(RESPONDENT)

ON SUBMISSION TO THE INTERNATIONAL COURT OF JUSTICE

- MEMORIAL FOR THE RESPONDENT -

ASTERIA

Case Concerning Mega - Constellations, Autonomous Space Operations and Freedom of Scientific Investigation

PROCLIVIA
(APPLICANT)

v.

ASTERIA
(RESPONDENT)

"*The PROCLIVIA and the ASTERIA submit the following dispute to this Court by Special Agreement for Resolution without, Reservations, pursuant to article* 40 (1) *of the Statute of the International Court of Justice and the Jurisdiction of this Court thus extends to all matters referred to by the parties in accordance with article* 36 (1) *of the Statute of the Court.*"

TABLE OF AUTHORITIES

Treaties and Multilateral Agreements

Convention on the International Liability for Damage Caused by Space Objects, 24 U. S. T. 2389, 961 U. N. T. S. 2 (enter into force September. 1, 1972,) .

Treaty on Principles Governing the Activities of States in the Exploration and Use of Outer Space, Including the Moon and Other Celestial Bodies, 18 U. S. T. 2410, 610 U. N. T. S. 205 (enter into force January. 27, 1967) .

Agreement Governing the Activities of States on the Moon and Other Celestial Bodies, 1363 U. N. T. S. 3 (enter into force July. 11, 1984) .

Convention on the International Liability for Damage Caused by Space Objects, 24 U. S. T. 2389, 961 U. N. T. S. 15 (enter into force September. 1, 1972,) .

Charter of the United Nations (enter into force October, 24. 1945) .

Declaration of Legal Principles for the Exploration and Use of Outer Space Activities by States (enter into force December . 13, 1963) .

Rio Declaration on Environment and Development (enter into force June . 3, 1992) .

United Nations Framework Convention on Climate Change (FCCC), 31 ILM 849 (enter into force December . May 9, 1992) .

Books

Wei Zhenying, Civil law (2018) .

Li Shouping, Zhao Yun, Introduction to the Law of Outer Space (2009) .

Hauriou, Yearbook of the International Law Commission (1989) .

Wan Xia, Analysis on Cases of International Environmental Law (2011) .

Cheng Lei, Reasearch on China' s Space Cooperation Mechanisn (2015) .

Ling Yun, A New Theory on Space law (2016) .

Stephan Hobe, Commention on space law in cologne (2017) .

Wang Tieya, Public International Law (1995) .

Zhou Zhonghai, International Law (2007) .

He Qizhi. Outer Space Law, Press of Law (1994) .

Li Shouping, System of Modern International Law Liability (2003) .

Xi Liang, International Law, 107 (2011) .

Cologne Review of Space Law, Volume I: Outer Space Treaty, p. 328.

Cologne Review of Space Law, Volume I: Outer Space Treaty, p. 296.

Cologne Review of Space Law, Volume I: Outer Space Treaty, p. 297.

Articles and Reports

Zhu Yanni, Zuo Haicong, The Causality of International Investment Damage Compensation, J. Huxiang Forum. 6 (2018) .

Chen Sai, Thinking About the National Responsibility of Trans – boundry Pollution from the View of International Environmental Law, J. World Environment. 1 (2006) .

Elizabeth Fisher, Evolution and Status of the Precautionary Principle in International Law, 96 Am. J. Int' l L. 1016, 1016 (2002)

Kim, Han Taek, Fifty Years of Outer Space Treaty: Its Retrospect and Prospect, 50: 559 – 583 (2017) .

Li Shouping, Legal System on International Liability for Damage Caused by Space Objects in the Framework of UN, Times Law, 7 (02): 90 – 95 (2009) .

Luo Lulu, Problems and Perfection of the Existing International Space Activities Dispute Resolution Mechanism——Reviewing the Russian – US Satellite Collision, Legal System and Society, 149 – 150 (2010) .

Bo Shousheng, International Regulations on Outer Space Activities Viewed from the Collision of US – Russian Satellites, 53 – 57 (2010) .

Cai Gaoqiang, Chen Lu, On the Legal Mechanism of Damage Compensation for Outer Space Activities, 39 – 46 (2016) .

Noichim C, Promoting ASEAN Space Cooperation, Space Policy. 24: 11 (2008).

The Space Millenninm: Vienna Declaration on Space and Human Development, United Nation Conference on the Exploration and Peaceful Uses of Outer Space, Vienna, 19 – 30 (1999).

Li Shouping, Legal System on International Liability for Damage Caused by Space Objects in the Framework of UN, Presentday Law Science. 90, 92 (2009).

Xiao Jun. Analysis of International Legal Rules for Space Object Re – entry. 1, 89 (2017).

J. B. Moore, History and Digest of the International Arbitrations to Which the United States has Been a Party, vol. 2, 1733 (1995).

The Trail Smelter Arbitration case, 1941, U. N. Rep. Int' L Arb. Awards 1905 (1949).

United Nations Documents, Reports, and Resolutions

Draft Articles on the Prevention of Transboundary Harm from Hazardous Activities, U. N. Doc. A/RES/56/82.

Declaration on Iternational Cooperation in the Exploration and Use of Outer Space to Promote the well – being and Interests of all States, with Prticular Emphasis on Taking into Account the Needs of Developing Countries, U. N. Doc. A/AC 51/122.

Declaration on International Cooperation in the Exploration and Use of Outer Space for the Benefit and in the Interest of All States, Taking into Particular Account the Needs of Developing Countries, U. N. Doc. 51/122.

Report of the Second United Nations Conference on the Exploration and Peaceful Uses of Outer Space, Vienna, 9 – 21 (1982), Chapter Ⅲ International Coperation and the Role of the United Nations, U. N. Doc. A/CONF. 101/10.

Literally by its Citizens and/or Legal Persons Established, Registered or Seated in Territory under Its Jurisdiction and/or Control. U. N. Doc. A/RES/68/74.

Other materials

United Nations Framework Convention on Climate Change (FCCC), May 9, 1992, 31ILM 849 (1992), Convention on Biological Diversity, June 5, 1992, 31 ILM 818 (1992) available at: https://unfccc.int/ (last accessed on November 18, 2020).

QUESTIONS PRESENTED

I. Whether PROCLIVIA violated international law, when 1) PROCLIVIA did not cooperating and exchanging information that would have enabled ASTERIA to assess the risks posed by CUSKO - E - TM constellation, 2) while requested, PROCLIVIA didn't provide the copy of all technical documentation of CUSKO - E - TM, 3) PROCLIVIA knew their satellite has to pass the CUSKO - E - TM constellation, and 4) PROCLIVIA never consult with ASTERIA about passing the "safe zone"?

II. Whether PROCLIVIA is liable under international law for the damage to CUSKO and ASTERIA shall not be liable for the damage to D. A. M. E. -7T, when 1) ASTERIA launched CUSKO satellites prior to the launching of D. A. M. E. -7T satellite, 2) D. A. M. E. -7T satellite needed to cross the orbit which occupied by CUSKO satellites, 3) PROCLIVIA did not take prevention measures or notify ASTERIA, 4) ASTERIA have continuously announced to the international community of the "safe zone" program and requested for information, 5) two satellite collided and serious damage was caused to a CUSKO satellite?

III. Whether ASTERIA is not liable under international law for interruption of PROCLIVIA's scientific investigation of Antarctica, when 1) CUSKO satellites worked just fine for 3 years, 2) the interruption of the PROCLIVIA scientific investigation does not belong to the scope of the damage stipulated in the Convention, 3) PROCLIVIA launched the D. A. M. E. -7T satellite without consulting with ASTERIA, 4) D. A. M. E. -7T is equipped with nuclear power source?

STATEMENT OF FACTS

1. In early 2025, CUSKO entity publicly announced its plan to deploy a 1500 – satellite constellation in 25 orbital planes between 790 km and 810 km altitude around Earth to provide broadband communications services: the CUSKO – E – TM constellation.

2. In April 2025, CUSKO filed fora license under the PROCLIVIAN Space Act, requesting authorization to launch and operate the CUSKO – E – TM constellation. PROCLIVIAN authorities declined to authorise CUSKO to launch and operate the CUSKO – E – TM constellation.

3. ASTERIAN authorities invited CUSKO to relocate to ASTERIA. CUSKO officially registering the company in ASTERIA and relocating its head office to its capital city Hayden.

4. In June 2026, CUSKO launched and deployed the first CUSKO – E – TM satellites from its own ORAMI (Operational Rocket Ascent Management Infrastructure) platform, a former oil rig that had been built in PROCLIVIA, licensed as an oil rig by the PROCLIVIAN authorities, and subsequently converted by CUSKO into a floating launch pad towed to, and anchored in, the exclusive economic zone of ASTERIA in January 2026.

5. By December 2026, a total of 150 satellites had successfully been deployed in their intended orbital planes, and the CUSKO – E – TM constellation was declared operational by CUSKO.

6. Based on report of potential risk, ASTERIA requested the CUSKO management to clarify any potential risks arising from the deployment and operation of the constellation. The reply received one week later asserted that the constellation did not pose any risk beyond those risks typically associated with any other space activities of that size and complexity but that, nevertheless, the SARASTRO software and the relative positioning of the satellites would be re – assessed and possibly reorganized to further improve safety.

7. ASTERIA then turned to the PROCLIVIAN authorities to request, via a diplomatic note at the margins of the June 2027 COPUOS session, a copy of all technical documentation that CUSKO had originally provided in April 2025 as part

of the PROCLIVIAN licensing process, in order to better understand the possible risk of operating a large satellite constellation. This request remained unanswered.

8. Upon receipt of this response, ASTERIA publicly declared a "safety zone" at the orbital altitude of the CUSKO – E – TM constellation, requesting space actors intending to enter or cross that zone to submit advance information of their plans so as to avoid risk of collision.

9. In September 2028, PROCLIVIA launched and subsequently registered the newest generation of its governmental Discovery of the Antarctic and Maritime Explorer satellites into outer space: D. A. M. E. – 7T.

10. In order to reach its designated quasi – polar orbit at 900 km altitude, which it was meant to achieve by a series of orbit – raising maneuvers, the D. A. M. E. – 7T satellite had to cross the densely populated orbital zone utilized by the CUSKO – E – TM constellation. To reduce the risk of collision with other space objects, D. A. M. E. – 7T was equipped with the Waltzing Wizard, a ground – breaking collision avoidance system that, on the basis of background surveillance data, would automatically calculate the best trajectory during the spiraling – out phase.

11. PROCLIVIA did not inform ASTERIA of the exact satellite trajectory of D. A. M. E. – 7T nor of its novel collision avoidance system. After its successful deployment in a parking orbit by the PROCLIVIA Boomerang reusable air – to – space launch system, D. A. M. E. – 7T commenced its spiraling – out maneuver towards its final orbit.

12. As the newly launched D. A. M. E. – 7T satellite gradually approached the CUSKO – E – TM constellation zone, the SARASTRO software interpreted it as an unknown massive space object. In the absence of any available pre – programmed or uploaded information regarding that object, the SARASTRO software executed an emergency escape maneuver, which consisted of an automatically sequenced repositioning of those CUSKO – E – TM satellites it determined would be at risk of collision.

13. Immediately thereafter, the Waltzing Wizard system, having received ambiguous orbital positioning data regarding those CUSKO – E – TM satellites, executed its own emergency escape maneuver, as a result of those two uncoordinated

emergency maneuvers, D. A. M. E. –7T collided with a CUSKO – E – TM satellite, causing the destruction of both spacecraft.

14. While part of the resulting debris cloud remained at its orbital altitude, several large fragments of the D. A. M. E. –7T satellite – including its plutonium battery – were propelled by the collision to a perigee of approximately 400 km. That debris, after having re – entered the atmosphere without entirely burning up, eventually crashed into the Uvavian Ice Shelf in Antarctica in October 2033, breaking up on impact and thus resulting in the spread of plutonium on the Antarctic surface close to where PROCLIVIA had been conducting its scientific studies.

15. The spectacular loss of D. A. M. E. –7T together with the radioactive pollution brought an abrupt end to the decades – long uninterrupted scientific investigations by PROCLIVIA in Antarctica, where it eventually had to close down its two research stations, SEEKER – I and SABERT – V.

SUMMARY OF ARGUMENT

I. PROCLIVIA Violated International Law by not cooperating and exchanging information that would have enable ASTERIA to assess the risk posed by A Mega – constellation

A. ASTERIA is entitled the freedom of space exploration.

B. The refusal of PROCLIVIA to cooperate violates the principles of international cooperation, because, 1) ASTERIA's request for PROCLIVIA to provide CUSKO – E – TM constellation data is justified reasonable and appropriate, 2) PROCLIVIA has obligation to provide satellite information to ASTERIA, 3) PROCLIVIA violates the principles of international cooperation by refusing to provide the information.

C. PROCLIVIA's refusal to cooperate and not provide information violated the interest of ASTERIA and other countries to explore and use outer space, because, 1) the CUSKO - E - TM constellation of ASTERIA can benefit all mankind, 2) PROCLIVIA violates the precautionary Rule under Rio Declaration, knowing of the risk of CUSKO - E - TM, 3) PROCLIVIA is at fault for damaging ASTERIA's space assets in space, and violated ASTERIA's rights and interests in exploring and using outer space.

D. Refusal of PROCLIVIA to provide information prevents ASTERIA from assessing the risks of the constellation and prevents ASTERIA from exercising supervision, because, 1) ASTERIA could have supervised the CUSKO - E - TM satellite, 2) PROCLIVIA has obligation to provide information under Outer Space Treaty, 3) The refusal of PROCLIVIA to provide information prevents ASTERIA from exercising supervisory power.

II. Under International Law, PROCLIVIA shall be liable for the damage to CUSKO - E - TM and ASTERIA shall not be liable for the damage to D. A. M. E. -7T

A. PROCLIVIA shall be liable for damages to the CUSKO - E - TM satellite Under Liability Convention, because, 1) PROCLIVIA is the responsible launching state and ASTERIA is the qualified country to claim, 2) CUSKO - E - TM satellite damage falls within the scope under Liability Convention, 3) PROCLIVIA is at fault for the damage to CUSKO - E - TM satellite.

B. ASTERIA is not liable for the damage to the D. A. M. E. -7T -7T satellite, because, 1) the unilateral designation of the "safe areas" by ASTERIA does not contravene the principle of free exploration and use of outer Space Treaty, 2) ASTERIA undertakes the obligations of supervision over CUSKO - E - TM's space activities.

C. ASTERIA did not break the doctrine of common interest of mankind.

III. ASTERIA is not responsible under International Law for any alleged interruption of PROCLIVIA' s scientific investigation of antarctica conducted from Outer Space

A. Under the Outer Space Treaty and the Liability Convention, ASTERIA is notliable for the interruption of PROCLIVIA' s scientific research activities, because, 1) the principle of fault – bases liability under Liability Convention applies, 2) ASTERIA' s conduct was in conformity with the norms of international law.

B. PROCLIVIA itself is liable for the interruption of the scientific research activities using D. A. M. E. –7T, because, 1) PROCLIVIA violates the principle of international cooperation and mutual assistance, 2) PROCLIVIA violated the obligation to pay due regard to the corresponding interests of all other States Parties to the Treaty, 3) PROCLIVIA violates the principles of equity, reasonableness and freedom, 4) PROCLIVIA is in breach of its obligations of using nuclear power in a Long – term Sustainability Principle.

ARGUMENT

I. PROCLIVIA Violated International Law by not cooperating and exchanging information that would have enable ASTERIA to assess the risk posed by A Mega – constellation

1. PROCLIVIA is party to the Charter of the United Nations and to all five space treaties. ASTERIA is a party to the Charter of the United Nations and has signed the Outer Space Treaty ("OST") but had not ratified it. Even if ASTERIA

is not a party to the Outer Space Treaty, these principles already constitute the most fundamental norms in the system of rules of outer space law, have long been observed and implemented by States and have formed customary international law.

A. ASTERIA is entitled the freedom of space exploration

2. More than 50 years have passed since the Outer Space Treaty, and with the development of space science and technology, some scholars have emphasized the development of a new space treaty. However, the provisions inherent in the Space Treaty, such as freedom of space exploration, freedom of scientific research, the principle of non-occupancy and respect for the rights of other States, had developed into customary international law , and they were characterized by coercive law. ①

3. Although ASTRIA is not a party to the Outer Space Treaty, the act of signature itself has shown that their activities in outer space are bound by the Outer Space Treaty. Under public international law, a signature is a contracting act in which a representative of a contracting State formally signs on the text of a treaty on behalf of the State or international organization on which he or she represents indicating the country' s consent to be bound by the treaty.

4. In addition, the principle of global public interest in outer space in the Outer Space Treaty imposes universal international obligations applicable to all States. ②

5. Under article I of OST③, there should be freedom of scientific investigation of outer space, including the Moon and other celestial bodies. ASTERIA has the freedom of space exploration, and its support for the conduct of satellite launches by CUSKO is based on international law, which is a prerequisite for ASTERIA to claim for damages on space-related activities.

B. The refusal of PROCLIVIA to cooperate violates the principles of international cooperation

---

① Kim, Han Taek, Fifty Years of Outer Space Treaty: Its Retrospect and Prospect. 50: 559-583 (2017).

② Kim, Han Taek. Fifty Years of Outer Space Treaty: Its Retrospect and Prospect. 50: 559-562 (2017).

③ Outer Space Treaty, Article I.

6. The principle of international cooperation has been regarded as fundamentally important since the international legal system of this domain established. ① It actually comes from the purpose of promoting international cooperation, and has eventually become part of the customary international law in outer space. ②

(1) ASTERIA' s request for PROCLIVIA to provide CUSKO – E – TM constellation data is justified reasonable and appropriate

(a) The launching of CUSKO – E – TM constellation could benefit all mankind

7. According to article Ⅰ of OST③, exploration and use of outer space, including the moon and other celestial bodies, shall be carried out for the benefit and in the interests of all countries. CUSKO – ET – M constellation can provide affordable global broadband communications services on the ground.

8. The satellite group have already used the newly developed monostazine green propellant as a propellant to replace the harmful hydrazine. This emerging technology will effectively reduce the environmental pollution in outer space and it is in the common interest of all mankind.

(b) ASTERIA' s request for CUSKO – E – TM data is justified, reasonable and appropriate

9. According to Article Ⅳ of the Declaration on International Space Cooperation④, ASTERIA made the request for information in an effective and appropriate way, which is in the intention of promoting international cooperation. In the process of international cooperation, each partner can freely choose the method of cooperation, which form of cooperation is the most effective will be the appropriate form to adopt.

---

① Noichim C, Promoting ASEAN Space Cooperation, Space Policy. 24: 11 (2008).

② The Space Millenninm: Vienna Declaration on Space and Human Development, United Nation Conference on the Exploration and Peaceful Uses of Outer Space, Vienna, 19 – 30 (1999).

③ Outer Space Treaty, Article Ⅰ.

④ Declaration on international cooperation in the exploration and use of outer space to promote the well – being and interests of all States, with particular emphasis on taking into account the needs of developing countries Article Ⅳ.

10. During the COPUOS meeting, ASTERIA has used the diplomatic note to request PROCLIVIA to provide relevant information. The mode that ASTERIA seeks for international cooperation is appropriate, and has actually followed the requirement of article Ⅳ of the Declaration on International Cooperation: "nternational cooperation should be conducted in the modes that are considered most effective and appropriate by the countries concerned".

(2) PROCLIVIA has obligation to provide satellite information to ASTERIA

11. Under article I and III of the Outer Space Treaty, States are encouraged to strengthen international cooperation in the scientific study of outer space. ① In accordance with the object and purpose of the Outer Space Treaty and the wording of many of its substantive provisions, article III clearly sets out the obligations of binding States parties.

12. Owing to the high - risk and technical nature of outer spaceactivities, in its preamble, OST has adopted the principle of international cooperation as the guiding principle governing the Treaty, which has been concretized several times in the relevant articles and has become a binding international obligation.

13. Accordingly, States should cooperate internationally in carrying out outer space activities in order to minimize risks and to ensure that outer space activities are running smoothly to the greatest extent.

14. Nevertheless, in the present case, PROCLIVIA has the exact information of the constellation. In cases where the risks arising from the launch activities may influence ASTERIA, PROCLIVIA should comply with the principles of international cooperation set out in the Outer Space Treaty, make satellite data available to ASTERIA in an appropriate way, and develop international cooperation by sharing information to reasonably reduce the possible risk of a launch activity.

15. However, PROCLIVIA refused to cooperate and ignored ASTERIA's request for cooperation. Known the possibility of collision, PROCLIVIA never provided with ASTERIA the relevant information of the D. A. M. E. -7T satellite, and refused to provide the information of CUSKO - ET - M, which it obviously have. Thus the act of PROCLIVIA is a clear violation of the obligation to cooperate in

① Outer Space Treaty, Article Ⅰ and Ⅲ.

outer space.

16. Notably, ASTERIA and PROCLIVIA had signed the Orokanga Accord, the core of which is the "Declaration of Friendly Relations, Good Neighborliness and Scientific Cooperation" between the two countries, and the refusal of PROCLIVIA to provide relevant information is not consistent with the purpose of signing the agreement, and also violates the principle of international cooperation.

(3) PROCLIVIA violates the principles of international cooperation by refusing to provide the information

17. As internationality is the outstanding nature of outer space activities, it' s impossible for one to be completely independent during its exploration and utilization. Only in the way of international cooperation can parties realize the benefits among in the process comprehensively. ①

18. In fact, space activities have shown how different countries, with widely varying political systems, levels of development, and culture can work together for mutual benefit②, as the successful examples of the operational international communication and meteorological data systems. ③

19. Article Ⅰ of the Charter of the United Nations explicitly places "promoting international cooperation" as one of the purposes of the United Nations. After 1945, the United Nations General Assembly adopted a series of legal and policy documents to make international cooperation a fundamental principle of international law. According to article Ⅲ of the Declaration on International Space Cooperation④, all statese should contribute to promoting and fostering international cooperation on an equitable and mutually acceptable basis.

---

① Wang Tieya: Public International Law, Law Press. 245 (1995).

② 51/122. Declaration on International Cooperation in the Exploration and Use of Outer Space for the Benefit and in the Interest of All States, Taking into Particular Account the Needs of Developing Countries.

③ A/CONF. 101/10. report of the second united nations conference on the exploration and peaceful uses of outer space, Vienna, 9 – 21 (1982), chapter iii, international cooperation and the role of the united nations, 78.

④ Declaration on international cooperation in the exploration and use of outer space to promote the well – being and interests of all States, with particular emphasis on taking into account the needs of developing countries Article Ⅲ.

20. It also stipulates that "this context, particular attention should be given to the benefit for and the interests of developing countries and countrieswith incipient space programmes stemming from such international cooperation conducted with countries with more advanced space capabilities".

21. Since outer space activities themselves have a global nature that they will transcend national borders, all States cannot be completely independent when they engaged in outer space activities. Therefore, they need to promote their own and mutual interests through international cooperation.

22. In this case, PROCLIVIA as a larger and more industrialized state, has much more advanced space capabilities than ASTERIA. No matter in the space technology strength or the space legal system, PROCLIVIA is stronger than ASTERIA.

23. Besides, ASTERIA has no domestic space law and has not carried out any outer space activities, which comply with article Ⅲ of the Declaration on International Space Cooperation, "countries with incipient space programmes".

24. According to this article, when ASTERIA requests PROCLIVIA to provide the data of CUSKO - E - TM constellation, PROCLIVIA should fulfill the obligation of international assistance to carry out international cooperation in information exchange with ASTERIA.

25. However, when PROCLIVIA received the requirement of ASTERIA, PROCLIVIA simply ignored the request, which obviously violates the obligation of developed countries to assist developing countries.

C. PROCLIVIA's refusal to cooperate and not provide information violated the interest of ASTERIA and other countries to explore and use outer space

26. Pursuant to article Ⅸ of OST, in the exploration and use of outer space, including the moon and other celestial bodies, States Parties to OST shall be guided by the principle of cooperation and mutual assistance and shall conduct all their activities in outer space, including the moon and other celestial bodies, with due regard to the corresponding interests of all other States Parties to the Treaty.

27. This international principle requires that while exercising the right to freely explore and use outer space, all States Parties to OST shall abide by corresponding obligations, and be cautious in the outer space which explored and used by man-

kind, and must not harm the interests of other countries engaged in outer space exploration activities.

28. However, PROCLIVIA in this case failed to pay full attention to its obligation and violated the legitimate rights and interests of ASTERIA and other countries to freely explore and use outer space.

(1) The CUSKO – E – TM constellation of ASTERIA can benefit all mankind

29. According to article Ⅰ of the Outer Space Treaty, the exploration and use of outer space... shall be carried out for the benefit and in the interests of all countries... and all mankind. This is the Outer Space Treaty made a limited limit of freedom. This clause is also the treaty on common interest provisions. ①

30. Deploy 1, 500 satellite constellations of CUSKO – E – TM is to provide affordable global broadband communication services. ASTERIA strictly abides the purpose of serving the welfare of all mankind as stipulated in article Ⅰ of the Outer Space Treaty.

31. CUSKO is committed to improving global broadband communication services, this outer space activity is in line with the development of communication for all mankind and is to practice the realization of the common interests of all mankind. ②

32. In addition, the satellite adopts brand – new technology to reduce the environmental pollution produced by harmful substances in outer space. The automatic collision avoidance system also greatly increases the safe operation of outer traffic, which will benefit all mankind in outer space exploration.

(2) PROCLIVIA violates the precautionary Rule under Rio Declaration, knowing of the risk of CUSKO – E – TM

33. Principle 15 of the Rio Declaration on Environment and Development states: "order to protect the environment, the precautionary approach shall be widely applied by States according to their capabilities." ③

34. There is no doubt that the precautionary principle is one of the most im-

---

① Outer Space Treaty, Article Ⅰ.

② Ling Yan, A New Theory on Space Law, People' s Court Press. 15 (2016).

③ Rio Declaration on Environment and Development, Principle 15.

portant developments in contemporary international environmental law and is a principle generally applicable inthe international environmental law.

35. This principle has been incorporated into a number of treaties①, and even before the adoption of the Rio Declaration, actions to protect the ozone layer will be based on this principle. Outer space exists as a special environment.

36. It is more difficult to repair and manage the outer space than to repair and manage the surface environment, which highlights the importance of prevention. Therefore, this principle is also applicable to the environmental risk management in outer space as a common practice in international law.

37. In this case, after the Discovery magazine reported that CUSKO – E – TM satellite appeared uncertain risks, there was uproar in the two countries involved. Under the pressure, in the press release, CUSKO management did not deny risks.

38. Regarding the degree of public opinion triggered by the article, PROCLIVIA, as a country with more developed space capabilities, should foresee the potential of this risk. If a collision accident happened because the supervision of the outer space flying object did not do well, it will cause irreparable losses to the entire outer space.

39. When ASTERIA asks PROCLIVIA for satellite – related information based on better perform its supervision responsibility, PROCLIVIA should abide by the precautionary principle and actively carry out international cooperation to jointly avoid "a nightmare that is highly likely to turn the dream of an ecological satellite group into space debris" happened. However, PROCLIVIA refused to cooperate and did not provide relevant information, which was obviously a violation of the precautionary principle.

(3) PROCLIVIA is at fault for damaging ASTERIA' s space assets in space, and violated ASTERIA' s rights and interests in exploring and using outer space

40. The general rules of international law also apply to the issue of liability

① United Nations Framework Convention on Climate Change (FCCC), May 9, 1992, 31 ILM 849 (1992), Convention on Biological Diversity, June 5, 1992, 31 ILM 818 (1992) available at: https: //unfccc. int/ (last accessed on November 18, 2020).

caused by space objects.① According to the general rules of international liability law, subjective fault may even be used as an imputation element when imposing liability.

41. When PROCLIVIA should foresee that the CUSKO – E – TM satellite has existence risks, as a country with more developedspace capabilities, according to Article Ⅸ of the Outer Space Treaty②, PROCLIVIA has the obligation to undertake appropriate international consultations with ASTERIA and assist ASTERIA to minimize the risk as low as possible.

42. However, PROCLIVIA not only failed to fulfill the obligation of consultation, but also refused to cooperate with ASTERIA. When ASTERIA asked for relevant information initiatively, PROCLIVIA gave no response. And because of the report, there is not way for PROCLIVIA to be ignorant on the importance of the request, yet PROCLIVIA still took no response. The behavior of PROCLIVIA is clearly with fault.

43. The act of PROCLIVIA finally caused Da – ME. – 7T collided with a CUSKO – E – TM satellite, result in the destruction of the two spacecrafts, which damaged ASTERIA' s legal space assets in outer space and violated ASTERIA' s legitimate rights and interests in exploring and using outer space.

D. Refusal of PROCLIVIA to provide information prevents ASTERIA from assessing the risks of the constellation and prevents ASTERIA from exercising supervision

(1) ASTERIA could have supervised the CUSKO – E – TM satellite

44. Concerning the definition of launching state of a space object, the Outer Space Treaty③, Liability Convention④and Registration Convention⑤ have made i-

---

① Stephen Hobe, etc., CoCoSL Cologne Commentary on Space Law, Volume 1: Outer Space Treaty. 227 (2017).

② Outer Space Treaty, Article Ⅸ.

③ Treaty on Principles Governing the Activities of States in the Exploration and Use of Outer Space, Article VII.

④ The Launching State and Space Object are Defined in Article I, paragraphs III and IV of the Liability Convention on International Liability for Damage Caused by Space Objects.

⑤ Convention on Registration of Objects Launched into Outer Space, Article I.

dentical provisions.

45. Launching state means the state that launches or causes to be launched a space object, or a state from whose territory or facilities it launches a space object; space object includes the components of a space object, its means of delivery and its components. And its article I reads, the term "launching State" means, (i) A State which launches or procures the launching of a space object; (ii) A State from whose territory or facility a space object is launched; The term "space object" includes component parts of a space object as well as its launch vehicle and parts thereof.

46. And the article V of Liability Convention① makes it clear that a state launching a space object from its territory or facilities shall be regarded as a joint launching state.

47. With its obligations as a launching state under the relevant treaties, one should ascertain national jurisdiction over space activities carried out from territory, and under its jurisdiction and/or control, issue authorizations and ensure supervision over space activities carried out.② That' s, appropriate procedures are needed to ensure continuing supervision and monitoring of authorized space activities③, which should be set out clearly within the regulatory framework. According to the Outer Space Treaty, Liability Convention and Registration Convention, ASTERIA is bound to supervise and monitor CUSKO – E – TM constellation in a regular and durative way under its jurisdiction as a launching state.

48. According to article Ⅵ of the Outer Space Treaty④, States Parties to the Treaty shall bear international responsibility for national activities in outer space,

---

① Convention on International Liability for Damage Caused by Space Objects, Article V, A State from whose territory or facility a space object is launched shall be regarded as a participant in a joint launching.

② Literally by its citizens and/or legal persons established, registered or seated in territory under its jurisdiction and/or control. A/RES/68/74. Recommendations on national legislation relevant to the peaceful exploration and use of outer space.

③ A/RES/68/74. Recommendations on national legislation relevant to the peaceful exploration and use of outer space.

④ Outer Space Treaty, Article Ⅵ.

including the moon and other celestial bodies, whether such activities are carried on by governmental agencies or by non – governmental entities. As a non – governmental organization, Company C has the qualifications to carry out outer space activities, and it has reached a consensus with ASTERIA to launch the CUSKO – E – TM satellite.

（2） PROCLIVIA has obligation to provide information under Outer Space Treaty

49. In accordance with the principles of international cooperation stipulated in article Ⅰ of the Outer Space Treaty①, the outer space activities carried out by ASTERIA conform to the realization of the common interests of mankind and are committed to global broadband communications services.

50. When ASTERIA based on this purpose to propose a willingness for international cooperation to PROCLIVIA, PROCLIVIA should actively and steadily carry out international cooperation, and disclose the key information it has to ASTERIA, whether it is for its country will benefits from the technology or for the benefit of all mankind.

51. According to the International Space Cooperation Principles, as a country with space capabilities, PROCLIVIA has the international obligation to assist developing countries or countries with incipient space programmes.

52. ASTERIA is not only inferior to PROCLIVIA in capacity, but also inferior to PROCLIVIA in terms of information, when ASTERIA makes a request for information disclosure on the premise that it is aware of the potential dangers of outer space activities, PROCLIVIA should actively provide information in order to perform its obligations of assistance and maintain the safety of space operations.

（3） The refusal of PROCLIVIA to provide information prevents ASTERIA from exercising supervisory power

53. In order to ensure continuous supervision, all States must provide adequate ways to receive information. ② At the same time, this continuous supervision

---

① Outer Space Treaty, Article Ⅰ.

② Stephen Hobe, etc, CoCoSL Cologne Commentary on Space Law, Volume 1: Outer Space Treaty. 201 (2017).

obligation of ASTERIA cannot be achieved independently in objective way, and it needs to be completed on the basis of PROCLIVIA' s performance of its obligations of international cooperation and assistance.

54. In this case, the purpose of ASTERIA' s request for information exchange from PROCLIVIA is justified, and is in an effective and appropriate way. The information that PROCLIVIA has on it has a significant impact on ASTERIA' s supervisory actions, and it should provide information to ASTERIA. So that ASTERIA can better assess the risks of Constellation and better perform its regulatory obligations.

55. The refusal of PROCLIVIA to provide information objectively prevents ASTERIA from exercising its regulatory obligations, and ultimately leads to the collision.

II. Under International Law, PROCLIVIA shall be liable for the damage to CUSKO – E – TM and ASTERIA shall not be liable for the damage to D. A. M. E. –7T

A. PROCLIVIA shall be liable for damages to the CUSKO – E – TM satellite Under Liability Convention

56. The legal concept of international liability for damage has been widely accepted in international practice, it means that acts not violate international law but resulting in injurious consequences. ①

57. Article Ⅲ of Liability Convention provided that the event of damage being caused... by a space object of another launching State, the latter shall be liable only if the damage is due to its fault or the fault of persons for whom it is responsible". ②

58. For liability of PROCLIVIA to be found underthis article, 4 conditions

① Zhou Zhonghai, International Law, 167 (2007).
② Liability Convention, Article Ⅲ.

shall be satisfied, 1) PROCLIVIA is the launching State of the D. A. M. E. –7T –7T Satellite, 2) the damage of CUSKO – E – TM satellites is within the scope the damage under the Liability Convention, 3) the damage to the CUSKO – E – TM Satellite is caused by the D. A. M. E. –7T –7T Satellite, 4) PROCLIVIA is of fault to the damage of CUSKO – E – TM satellite.

(1) PROCLIVIA is the responsible launching state and ASTERIA is the qualified country to claim

(a) PROCLIVIA is the responsible launching state of D. A. M. E. –7T –7T Satellite that collided with CUSKO – E – TM satellite

59. With its obligations as a launching state under the relevant treaties, one should ascertain national jurisdiction over space activities carried out from territory, and under its jurisdiction and/or control, issue authorizations and ensure supervision over space activities carried out. ①

60. Appropriate procedures are needed to ensure continuing supervision and monitoring of authorized space activities②, which should be set out clearly within the regulatory framework. According to the Outer Space Treaty, Liability Convention and Registration Convention, PROCLIVIA is bound to supervise and monitor D. A. M. E. –7T –7T constellation in a regular and durative way under its jurisdiction as a launching state.

61. Under article Ⅲ of Liability Convention, the subject of responsibility for causing damage to other space objects and persons beyond the earth' s surface is the launching State of the space object. ③

62. In the event of damage being caused elsewhere than on the surface of the Earth to a space object of one launching State or to persons or property on board such a space object by a space object of another launching State, the latter shall be

① Literally by its citizens and/or legal persons established, registered or seated in territory under its jurisdiction and/or control. A/RES/68/74. Recommendations on national legislation relevant to the peaceful exploration and use of outer space.

② A/RES/68/74. Recommendations on National Legislation Relevant to the Peaceful Exploration and use of outer space.

③ Article Ⅲ of the Convention on International Liability for Damage Caused by Space Objects.

liable only if the damage is due to its fault or the fault of persons for whom it is responsible. ①

63. According to article Ⅰ, para. 3 of the Liability Convention②, launching States include the following four categories: States that launch space objects, States that promote the launch of space objects, States that launch space objects from their territory, and States that launch space objects from their facilities. ③

64. In September 2028, PROCLIVIA launched into outer space and registered the D. A. M. E. – 7T satellite. Obviously, PROCLIVIA is the country that launched the D. A. M. E. – 7T satellite and prompted the launching, thus satisfy the definition of the launching state. Therefore, PROCLIVIA is the subject of responsibility for launching a D. A. M. E. – 7T sateliate that causes damage beyond the earth' s surface.

(b) ASTERIA is the qualified country to claim for remedies against launching state PROCLIVIA

65. In according to article Ⅷ of Liability Convention, the state directly suffering the damage is theacceptant main body. ④ A State which suffers damage, or whose natural or juridical persons suffer damage, may present to a launching State a claim for compensation for such damage.

66. A state which has suffered direct damage not only includes a state whose state property has suffered damage, but also includes a state where the person or property of its nationals or legal persons has suffered damage.

67. CUSKO – E – TM satellite is owned by CUSKO, a private company, and CUSKO – E – TM officially registered in ASTERIA in December 2025. ASTERIA is CUSKO' s state of nationality. ASTERIA is entitled to claim compensation from PROCLIVIA for the damage to CUSKO – E – TM' s satellite.

---

① Article Ⅲ of the Convention on International Liability for Damage Caused by Space Objects.

② Article Ⅰ, paragraph 3 of the Convention on International Liability for Damage Caused by Space Objects.

③ He Qizhi. Outer Space Law, Press of law, 93 (1994).

④ Convention on International Liability for Damage Caused by Space Object Article Ⅷ, para. 1.

（2）CUSKO - E - TM satellite damage falls within the scope under Liability Convention

68. According to article I of Liability Convention of, liability for damage caused by space objects in space activities includes personaldamage and property damage. ①

69. In present case, D. A. M. E. -7T collided with a CUSKO - E - TM satellite, causing the destruction of both CUSKO - E - TM satellite. The damage of CUSKO - E - TM satellite caused by collision is property damage.

70. A direct cause - and - effect relationship is usually required before it can be used as evidence to determine the specific damage caused by a space object. In the factual circumstances of the particular case, the maxim of "self - proof of fact" became a principle recognized by the Court to prove the existence of a causal link. ②

71. On September 15, 2028, the D. A. M. E. -7T satellite caused the destruction of a satellite in CUSKO - E - TM constellation when it crossed the orbit occupied by CUSKO - E - TM satellite to reach the designated position. The crossing behavior has a direct causal relationship with the damage of a satellite in CUSKO - E - TM constellation. The damage of CUSKO - E - TM satellite is within the scope of compensation.

（3）PROCLIVIA is at fault for the damage to CUSKO - E - TM satellite.

72. For damages caused somewhere other than the surface of the Earth, the launching state will be held liable when that state is at fault. Thus Article Ⅲ of Liability Convention requires not only compensable damage, but also that the launching State is at fault in causing the damage. ③

---

① The term "damage" means loss of life, personal injury or other impairment of health; or loss of or damage to property of States or of persons, natural or juridical, or property of international intergovernmental organizations.

② Li Shouping, Commentary and Annotation of Outer Space of Kcole, Press of World Knonwledge, p. 38.

③ Li Shouping, Legal System on International Liability for Damage Caused by Space Objects in the Framework of UN, Present day Law Science（2009）, p. 90, 92.

73. An act in conflicts with international obligation is obviously of fault. ① In present case, PROCLIVIA broke several international obligations.

(a) PROCLIVIA violates the principles of international cooperation

74. The principle of international cooperation in international law is fully applicable to state – to – state relations in the field of outer space activities.

75. The principle of cooperation has been embodied in various clauses in the Outer space Treaty, including article Ⅰ, article Ⅲ, and article Ⅸ. ② "... States Parties to the Treaty shall be guided by the principle of cooperation and mutual assistance and shall conduct all their activities in outer space... with due regard to the corresponding interests of all other States Parties..."③

76. As the States party of Outer Space Treaty, PROCLIVIA shall abide by the principle of cooperation. Yet, PROCLIVIA violated the principle by failing to cooperate with ASTERIA.

77. PROCLIVIA should and could release the information of D. A. M. E. – 7T. satellites to ASTERIA. PROCLIVIA has critical information about CUSKO – E – TM (including the orbit information of its satellites), and ASTERIA has no information about the satellites D. A. M. E. – 7T, especially the information about the "exact satellite trajectory and the novel collision avoidance system".

78. Although PROCLIVIA had publicized the launch mission of D. A. M. E. – 7T. satellite several months before the launch, that publication is not enough for ASTERIA. ASTERIA knew the fact of launching, but not the specific launch orbit. In fact ASTERIA do not know the D. A. M. E. – 7T. satellite needed to pass through CUSKO – E – TM's orbit in order to reach the predetermined location.

79. Article Ⅲ of Declaration of Cooperation: all countries, especially in related to spatial ability and ongoing exploration and use of outer space plan, shall be based on fairness and can accept each other to help promote and promote international cooperation.

---

① Li Shouping. System of Modern International Law Liability, Press of Wuhan university (2003), p. 86.

② Outer Space Treaty, Article Ⅰ, Ⅲ and Ⅸ.

③ Outer Space Treaty, Article Ⅸ.

80. In other words, countries with space capabilities and plans should make the greatest contribution to promoting and encouraging international cooperation. ①ASTERIA did not have domestic space law at that time, and PROCLIVIA had a domestic space law and had detailed regulations. PROCLIVIA, as a country with space capabilities and plans, should serve as a promoter and promoter. However, PROCLIVIA did not fulfill the cooperation obligation, let alone make the greatest contribution to promoting and encouraging international cooperation, which eventually led to the damage of CUSKO – E – TM satellite. On this basis, PROCLIVIA should be deemed to be at fault.

(b) PROCLIVIA violates the duty of due regards

81. Article Ⅵ of Declaration of Outer Space: States undertaking activities in outer space shall give due consideration to the corresponding interests of other States. ②Full attention means that certain standards of attention and compliance are required to perform an action.

82. The State must demonstrate that all possible measures have been taken to prevent the occurrence of harmful acts, such proof should be sufficient to remove reasonable doubt. To reach its intended quasi – polar orbit, the D. A. M. E. – 7T. – 7T satellite must pass through a dense orbital region of space objects used by the constellation CUSKO – E – TM.

83. In order to reduce the risk of collisions with other space objects, it equipped with Waltzing Wizard D. A. M. E. – 7T. – 7 t this new collision avoidance system to prevent risk of collision. But the space activities with precision, PROCLIVIA blindly USES the new collision avoidance system without knowing the final configuration of CUSKO – E – TM satellite group and SARASTRO software programming parameters. Finally it causes damage to CUSKO – E – TM satellite.

84. PROCLIVIA has also foresees the lack of CUSKO – E – TM satellite cluster final configuration and SARASTRO software programming parameters using the

① Li Shouping, Commentary and Annotation of Outer Space of Kcole, Press of World Konwledge, 295 (2012).

② Declaration of Legal Principles Governing the Activities of States in the Exploration and Use of Outer Space, Article Ⅵ.

Waltzing Wizard new collision avoidance system may still cause collisions. Although PROCLIVIA has taken possible measures to prevent the occurrence of harmful behaviors, it cannot eliminate reasonable suspicion. Therefore, PROCLIVIA has not fulfilled its full duty of care and has not properly considered that its blind use of the new collision avoidance system may cause damage to the corresponding interests of other countries in outer space.

B. ASTERIA is not liable for the damage to the D. A. M. E. – 7T – 7T satellite

85. According to the provisions of article Ⅵ of the Convention of Liability①, three conditions should be met for the application of this article: Firstly, compensation should be made by the subject of compensation against the state of launch of the space object; Secondly, the damage belongs to the scope of compensable; Thirdly, the "damage" can be attributed to the space object.

86. As long as one of the three conditions does not conform to, we can not assume responsibility. This paper focuses on the third reason to discuss.

(1) The unilateral designation of the "safe areas" by ASTERIA does not contravene the principle of free exploration and use of Outer Space Treaty.

87. In accordance with the provisions of article Ⅰ, paragraph Ⅱ, of Outer Space Treaty②, Freedom means that any entity that benefits from freedom does not need permission from other governments, and that outer space can be explored (looking for any possibility of use) ③, and can be used. ④

88. ASTERIA has repeatedly unilaterally declared a "safe zone" at the orbital altitude of the Constellation CUSKO – E – TM, and all space actors intending to enter or cross the zone should submit their planned activities information in ad-

① Declaration of Legal Principles Governing the Activities of States in the Exploration and Use of Outer Space, Article Ⅵ.

② See on the following the contributions of vonkries, wulf, weltraumforschung, in: bockstiegel, karl – heinz (ed), handbuch des weltraumrechts, carl heymans, cologne. 245 (1991) (Translated).

③ Id. at 246.

④ Id. at 266.

vance to avoid the risk of collision. ASTERIA submits the activity information by way other than with the permission of the Government of ASTERIA.

89. There are no restrictions on the freedom of other States to explore and use outer space and celestial bodies. The purpose of this submission of information on activities is to promote cooperation between states in outer space in fulfilment of their obligations of cooperation and to prevent damage arising from failure to do so, which does not constitute a violation of the principle of free exploration and use.

(4) ASTERIA undertakes the obligations of supervision over CUSKO – E – TM' s space activities

90. In accordance with article Ⅴ of the Declaration of Outer Space: ① the non – governmental sector of States in outer space shall be subject to national approval and regular supervision.

91. Due to national conditions, although ASTERIA can not through domestic space method for CUSKO – E – TM space activities for approval, ASTERIA performed the duty of supervision after journal reported monostazine propulsion engine operation conditions and SARASTRO system has sparked the concerns of the experts. So ASTERIA asks CUSKO – E – TM' s management to account for any potential risks that arise during the deployment and operation of the satellite cluster.

92. And it was not plaesent with the reply of CUSKO – E – TM' s management. CUSKO – E – TM also aked detail for PROCLIVIA. But it did notrely. So ASTERIA erformed the duty of supervision of CUSKO – E – TM.

C. ASTERIA did not break the doctrine of common interest of mankind

93. Under the liability of international wrongful acts, PROCLIVIA shall be liable for damages to the CUSKO satellite. International wrongful act refers to the international law main body by the violation of its international obligations. ② International wrongful act should have subjective factor and objective factor. ③

① Declaration of Legal Principles governing the Activities of States in the Exploration and Use of Outer Space, Article Ⅴ.

② Liang Xi, International Law, 107 (2011).

③ Liang Xi, International law, 108 (2011).

94. In accordance with the preamble① and article Ⅰ of the Declaration on Outer Space. ②The exploration and use of outer space by any party without regard for the interests of other countries and mankind is against this principle. The relevant benefits of outer space activities should be for the benefit of all States, not just those that invest and engage in them. ③

95. After the damage occurred, the Government of ASTERIA was accused of irresponsibly profiting from it at the expense of others' safe entry into outer space. The government of ASTERIA, attracted by CUSKO – E – TM's potential media attention and travel dividends from the "green space technology revolution", invited CUSKO – E – TM to ASTERIA.

96. However, the satellite group of CUSKO – E – TM – ET – M constellation was originally launched to provide affordable global broadband communication services on the ground. The Government of ASTERIA is essentially for the benefit of all mankind, providing broadband communication for all mankind to facilitate the launch of CUSKO – E – TM – ET – M, and does not carry out outer space activities in disregard of the interests of other countries and all mankind.

III. ASTERIA is not responsible under International Law for any alleged interruption of PROCLIVIA's scientific investigation of antarctica conducted from outer space

97. Under OST, Registration Convention and the Liability Convention, CUSKO's launch of the CUSKO – E – TM satellite constellation in ASTERIA was a prior lawful act, ASTERIA acted in conformity with the norms of international law

---

① Preamble of the Declaration on Outer Space: Recognizing the Common Interest of All Mankind in the Progress of the Exploration and Use of Outer Space for Peaceful Purposes.

② Declaration on Outer Space, Article I.

③ Li Shouping, Commentary and Annotation of Outer Space of Kcole, Press of World Knowledge, 68 (2012).

and was not at fault for the interruption of PROCLIVIA' s scientific investigation.

98. Moreover, the interruption of the scientific investigation of Antarctica conducted from outer space does not belong to the scope of the damage stipulated in the Convention. Therefore, ASTERIA is not liable for the interruption of the PROCLIVIA scientific investigation.

A. Under the Outer Space Treaty and the liability convention, ASTERIA is notliable for the interruption of PROCLIVIA ' s scientific research activities

(1) The principle of fault - bases liability under Liability Convention applies

99. Liability Convention embodies these two principles of attribution. ① The launching State is absolutely liable for damage caused on the surface of the Earth or by aircraft in flight; A space object of the launching State is subject to a fault - based liability regime for damage caused in outer space by a space object of another launching State.

100. The collision of the D. A. M. E. - 7T satellite with the CUSKO - E - TM constellation was the direct cause. The principle of fault liability shall be applied to. ASTERIA was not faulty for the collision of the two satellites, the re - entry of debris, or the proliferation of plutonium, and is therefore not liable.

101. The regime of State responsibility is based on the wrongfulness of the State' s conduct, and strict liability in reality, if the defendant proves that the damage is due to the fault of the victim or third person, then the liability can be relieved. ②

102. The fact that ASTERIA' s launch of the CUSKO - E - TM satellite constellation was a priorlegitimate act and that it was not at fault for the collision with D. A. M. E. - 7T has already been demonstrated.

103. With regard to the interruption of scientific activities of its original Antarctic station, the proliferation of the plutonium contained in D. A. M. E. - 7T was

---

① Liability Convention, Article Ⅱ and Ⅲ.

② Li Shouping, The Modern Legal System of International Responsibility, Wuhan University Press, 68 (2009) .

the direct cause; ASTERIA was not the country of registration of the fragment, nor was it the owner of the plutonium; it had no substantial influence on the outcome and did not violate the corresponding international obligations, There must be two elements between behavior and rights infringement: conditionality and equivalence①, so it could not be held responsible.

(2) ASTERIA's conduct was in conformity with the norms of international law

104. Under the principle of fault-based liability, the launching State's liability is conditional upon the fault of the launching state. Proof of intent or fault is necessary for the existence of responsibility.

105. The Corfu Channel casewas a guiding example of the principle of no liability without fault. ②A State will not be liable if it succeeds in proving that it was not at fault. ③

106. In this case, although ASTERIA is not bound by the OST, it has acted in accordance with the general principles of the OST and is not faulty, so it is not liable.

(a) ASTERIA has fulfilled the regulatory obligations

107. According to article Ⅵ of the OST, States are obliged to authorize and continuously regulate outer space activities conducted within their territory. ④ The aim is to ensure that the three things: compliance with the provisions of the OST, safety and other requirements. The rule shall be observed not only before the activity begins, but also throughout its duration. ⑤

108. In the present case, ASTERIA had asked CUSKO company to account for any potential risks arising from the deployment and operation of the satellite constellation.

---

① Wei Zhenying, Civil Law, Peking University Press. 676-677 (2013).

② Lan Brownlie, System of the Law of Nations State Responsibility (part 1), Clarendon Press, Oxford (1983) p. 41.

③ Yearbook of the International Law Commission, 1979, vol. 2, part 2, analysis at p. 122 et seq.

④ Outer Space Treaty, Article Ⅵ.

⑤ Cologne Review of Space Law, Volume I: Outer Space Treaty.

109. CUSKO asserted that the constellation did not pose any risk beyond those risks typically associated with any other space activities. CUSKO company admitted that SARASTRO software and the relative positioning of the satellites would be re – assessed and possibly reorganized to further improve safety.

110. ASTERIA publicly declared a "safety zone" to the international community, and repeated in its statement. ASTERIA requested for any launching state for information about proposed launching object. The purpose of that act is to assure better understand the possible risk, rather than create a sovereignty – beyond regulatory mechanism.

111. Unfortunately, PROCLIVIA did not provide any technical information to ASTERIA, knowing for sure that their D. A. M. E. – 7T satellite will pass the "safe zone" . PROCLIVIA' s refusal prevented ASTERIA from further fulfilling its regulatory obligations.

112. Thus, ASTERIA had fulfilled the necessary regulatory obligations appropriate considering the relevant situation. ASTERIA shall not be held liable.

(b) ASTERIA has fulfilled its registration and notification obligations

113. Article XI of the Outer Space Treaty sets out the obligation to provide information to the Secretary – General of the United Nations, the public and the international scientific community, reflecting the need to inform the international community of activities and results in outer space. ①

114. The Registration Convention further makes it mandatory forstates, notifying the Secretary – General of the United Nations of the establishment of such registries is also required. ②

115. Information here under the Registration Convention including location, launch equipment, launch schedule, flight path and orbital position. ③ Following the allegations against CUSKO, ASTERIA requested the management of CUSKO to clarify any potential risks arising from the deployment and operation of the satellite constellation.

① Outer Space Treaty, Article Ⅸ.

② Convention on Registration of Objects Launched into Outer Space, Article Ⅱ.

③ Cologne Review of Space Law, Volume I: Outer Space Treaty.

116. Upon receipt of a response, provided the relevant information to the United Nations and made it available to the interested public.

117. In addition, ASTERIA publicly declared a "safety zone", it has disclosed technical information on the operation of its satellite constellation and orbital positions, fulfilling its registration and notification obligations.

(c) Interruption of the PROCLIVIA scientific investigation is no damage under Liability Convention because it was consequential rather than direct damage

118. According to article I of the Liability Convention, the liability provided for is limited to personal injury and property damage, and does not cover damage to the rights of other States or natural or legal persons of other States. ① Articles Ⅱ, Ⅲ of the Liability Convention clearly define the geographical scope of compensation. ②

119. Others are not included in the scope of compensation under the Liability Convention, such as environmental damage.

120. In the present case, the alleged interruption of PROCLIVIA' s scientific investigation is a loss of the benefits expected from the use of satellites to obtain data in furtherance of Antarctic research, similar to the loss of commerce and reduction of crops claimed by the United States in the Trail Smelter case③, which is an indirect damage.

121. At the same time, in the Alabama case, the judges did not consider claims for collateral damage. The adjudication in this case has become a principle strictly followed in all international disputes. In previous cases, there was no support for indirect damage. ④

122. Therefore, it does not fall within the scope of the Liability Convention,

---

① Convention on International Liability for Damage Caused by Space Objects, Article Ⅱ (a).

② Convention on International Liability for Damage Caused by Space Objects, Article Ⅱ and Ⅲ.

③ The Trail Smelter Arbitration case, 1941, U. N. Rep. Int' L Arb. Awards 1905 (1949).

④ A. Hauriou, Les Dommages Indirectsdansles Arbitrage Internationaux, Cited in Yearbook of the International Law Commission (1989), Vol. II, part I, p. 27-28.

and ASTERIA has not breached its obligations under international law and is not subject to international responsibility under it.

123. According to article Ⅰ of the Liability Convention①, only personal injury or damage to property is covered by its provisions, as indirect damage to the rights of another State or of natural or legal persons of another State is not covered.

124. In the Canadian case. The court did not require Brazil to compensate for the profits the ship would have made if it had continued to fish. The reason is "There is a danger that the ship and capital may soon be lost in the voyage, and that the voyage may be entirely futile without profit". ②

125. Antarctica is a public international area not under national jurisdiction③, and the interruption of scientific investigation is a loss of anticipated benefits, and it is quite possible that the investigation may have been carried out for many years without any progress being made.

126. In short, ASTERIA has not breached its international law obligations under international law and is not internationally responsible for such damage.

B. PROCLIVIA itself is liable for the interruption of the scientific research activities using D. A. M. E. -7T

(1) PROCLIVIA violates the principle of international cooperation and mutual assistance

127. Outer space activities is with 2 special nature: firstly, it is extremely dangerous, secondly, it involves the whole world, which transcend national boundaries.

128. Thus, states cannot be completely independent in their outer space activities. Therefore, international cooperation and interdependence have become and will continue to be an important principle of international space law. ④

129. The Outer Space Treaty also fully reflects in its provisions that interna-

---

① Convention on International Liability for Damage Caused by Space Objects, Article I.

② J. B. Moore, History and Digest of the International Arbitrations to which the United States has been a party, vol. 2, 1733 (1995).

③ He Qizhi, The Law of Outer Space, Law Press 74, (1992).

④ He Qizhi, The Law of Outer Space, Law Press 76, (1992).

tional cooperation is a fundamental principle of international outer space law. In the Declaration on Principles of International Law, international cooperation was reaffirmed as fundamental principles of international law. ① The exchange of information is the key to international cooperation. ②

130. In this case, to better understand the possible risk, ASTERIA requested PROCLIVIA to provide a copy of all technical documentation, which is absolutely reasonable. However, the request has been turned done, without any justification.

131. After ASTERIA publicly declared a "safety zone", PROCLIVIA should comply with the obligations of international cooperation and mutual assistance and provide the exact satellite trajectory of D. A. M. E. -7T to reduce the risk. However, PROCLIVIA's refused, which clearly violated the principles of cooperation and mutual assistance.

(2) PROCLIVIA violated the obligation to pay due regard to the corresponding interests of all other States Parties to the Treaty

132. Under article Ⅸ of OST, PROCLIVIA has an obligation to "pay due regard to the corresponding interests of all other States Parties to the Treaty". ③ To this end, states should refrain from taking any measures aimed at hampering the space activities of other states. ④

133. States must demonstrate that they have taken all possible measures to prevent harmful acts from occurring, and the strength of that demonstration should be such as to dispel reasonable doubt. ⑤

134. In developing the D. A. M. E. -7T anti-collision system, PROCLIVIA used information it had on the CUSKO-E-TM constellation from CUSKO's unsuccessful licensing attempt of 2025, which is almost 3 year prior to launching of D. A. M. E. -7T.

135. It was clearly insufficient to dispel reasonable doubt and the failure to

① Declaration on Principles of International Law concerning friendly relations and cooperation among states in accordance with the charter of the United Nations.

② Cologne Review of Space Law, Volume I: Outer Space Treaty, p. 328.

③ Outer Space Treaty, Article Ⅸ.

④ Cologne Review of Space Law, Volume I: Outer Space Treaty, p. 296.

⑤ Cologne Review of Space Law, Volume I: Outer Space Treaty, p. 297.

take due account of the risk. Launching of the D. A. M. E. –7T satellite might cause detrimental acts to ASTERIA, thus the ignorance and the act of launching is a clear violation of the obligation to pay due regard to the corresponding interests of all other states parties under OST.

(3) PROCLIVIA violates the principles of equity, reasonableness and freedom

136. Article Ⅲ of the Declaration on International Space Cooperation states that particular attention should be paid to the benefits and advantages that developing countries and countries with incipient space programs derive from international cooperation with countries with more advanced space capabilities. ①

137. Since outer space was the common heritage of mankind, developed countries with space technology should follow the principle of reasonableness in their international cooperation and take the interests of developing countries and countries lagging behind in space technology fully into account.

138. ASTERIA is a small island State adjacent to PROCLIVIA, has no space law of its own, has not carried out any outer space activities other than the CUSKO launch.

139. On the other hand, PROCLIVIA is a highly industrialized country with the capacity to launch the most advanced, complex and expensive governmental Earth observation satellites. PROCLIVIA's space capability is significantly higher than that of ASTERIA, and it should know the risk about the D. A. M. E. –7T passing the "safe zone".

140. In the event that the ASTERIA constellation is launched first, PROCLIVIA, which launches the D. A. M. E. –7T satellite later, should give full consideration to ASTERIA's interests. But PROCLIVIA did not take any cooperative measures which is a clear violation of the principles of equity, reasonableness and freedom.

(4) PROCLIVIA is in breach of its obligations of using nuclear power in a

---

① Declaration on International Cooperation in the Exploration and Use of Outer Space for the Benefit and in the Interest of All States, Taking into Particular Account the Needs of Developing Countries.

Long – term Sustainability Principle

141. Principle 5 of Principles Relevant to the Use of Nuclear Power Sources in Outer Space and the Guidelines on the Long – term Sustainability of Outer Space Activities provides: states and international organizations should, to the extent possible, adopt objective and transparent practices and notify the international community in a timely manner, to the extent reasonable and necessary. ①

142. PROCLIVIA' s D. A. M. E. – 7T satellite was launched as a satellite carrying aplutonium – battery nuclear power source. In that situation, the Principles Relevant to the Use of Nuclear Power Sources in Outer Space and the Guidelines on the Long – term Sustainability of Outer Space Activities applies. And because of that the launching of D. A. M. E. – 7T satellite could be more dangerous than launching a normal satellite, thus PROCLIVIA should pay more close attention, which was not paid.

143. D. A. M. E. – 7T satellite collide with the CUSKO – E – TM constellation and that there was a high probability that the collision debris would re – enter the Earth. PROCLIVIA fails to timely notify the states concerned.

144. Although no damage was caused to the Antarctic stations of other countries, PROCLIVIA is still obliged to inform when satellite debris is likely to hit Antarctica. PROCLIVIA breached this obligation as well.

145. In conclusion, ASTERIA fulfilled its duty under the international law, and PROCLIVIA breached its duty under international law and caused the collision. ASTERIA is not responsible under international law for any alleged interruption of PROCLIVIA' s scientific investigation of Antarctica conducted from outer space.

SUBMISSIONS TO THE COURT

For the foregoing reasons, the ASTERIA (Respondent) respectfully requests

① Xiao Jun. Analysis of International Legal Rules for Space Object Re – entry. 1, 89 (2017).

the Court to adjudge and declare that：

1. PROCLIVIA violated international law by not cooperating and exchanging information that would have enabled ASTERIA to assess the risks posed by a mega – constellation.

2. PROCLIVIA is liable under international law for the loss of the CUSKO satellite and ASTERIA is not liable under international law for the loss of the D. A. M. E. – 7T satellite.

3. ASTERIA is not responsible under international law for any alleged interruption of PROCLIVIA' s scientific investigation of Antarctica conducted from outer space.

Respectfully submitted,

____

Agent for the Respondent

Team 2010

第七章　第十七届国际空间法模拟法庭竞赛案例

Case Concerning Mega – Constellations, Autonomous Space Operations and Freedom of Scientific Investigation
关于超级卫星群、自主空间操作与科学调查自由的案例

1. In early 2025, inspired by the successes of the "New Space" wave, the privately – owned CUSKO entity (Consortium Utilizing Satellites in Key Orbits), registered in PROCLIVIA, publicly announced its plan to deploy a 1500 – satellite constellation in 25 orbital planes between 790 km and 810 km altitude around Earth to provide affordable global broadband communications services: the CUSKO – E – TM constellation. The constellation featured two revolutionary technologies never previously used in spaceflight: its satellites were propelled by monostazine, a newly developed "green propellant" replacing the toxic hydrazine; and it was the first constellation to use an autonomous attitude and orbit control system (AOCS) reminiscent of self – driving cars. On the basis of background surveillance data, whenever the system determined it to be necessary, orbital manoeuvres within the CUSKO – E – TM constellation would be automatically executed by a computer using the SARASTRO (Satellite Autonomy enabling Revolutionary ASTRO nautics) software.

2025 年初，受"新空间"浪潮成功鼓舞，注册地为 PROCLIVIA 的私企 CUSKO（关键轨道卫星应用联合公司）公开宣布它将在距离地面高度 790 公里至 810 公里的 25 个环地轨道平面上部署一个由 1500 颗卫星组成的、名为"CUSKO – ET – M"的卫星群，来为地面提供可负担的全球宽带通信服务。该卫星群使用了两种此前从未在太空飞行中使用的技术：（1）该卫星群使用了新开发的 monostazine 绿色推进剂作为推进剂以取代有害的联氨；（2）该卫星群也是首个使用类似自动驾驶汽车的自主姿态和轨道控制系统

（AOCS）的卫星群。只要系统认为有必要，CUSKO－E－TM 卫星的轨道操作将由计算机使用 SARASTRO（带来航天革命性变革的卫星自主技术）软件根据后台监视数据自动执行。

2. In April 2025, CUSKO filed for a license under the PROCLIVIAN Space Act, requesting authorisation to launch and operate the CUSKO－E－TM constellation. The PROCLIVIAN Space Act required the approval of a comprehensive operational risk assessment, a safety plan and an environmental impact assessment as preconditions for any non－governmental space activities. Despite CUSKO submitting detailed assessments, the PROCLIVIAN authorities declined to authorise CUSKO to launch and operate the CUSKO－E－TM constellation because of the novel automated operations concept, the novel propellant and the uncertainties associated with a self－operating fleet of satellites, notifying CUSKO that it was impossible to qualify and quantify the associated risks.

2025 年 4 月，根据《PROCLIVIA 太空法》，CUSKO 提交了请求获得发射和运营 CUSKO－E－TM 卫星的许可申请。《PROCLIVIA 太空法》规定，开展非政府空间活动，须先对其整体操作风险、安全计划和环境影响进行评估，评估通过后方可进行。尽管 CUSKO 提交了详细的评估报告，PROCLIVIA 当局还是因其提出的新自动化操作概念、新型推进剂以及自动化控制卫星群轨迹带来的不确定性而拒绝了申请，并告知 CUSKO 它无法对相关风险进行定性和量化。

3. Disappointed by what it publicly criticised as "opposition to innovation", CUSKO turned to the small neighbouring island State of ASTERIA, which at that time had not enacted a national space law. In fact, ASTERIAN authorities had to that point in time never had to deal with any space activities in their own country. As a young independent State adjacent to the much larger, highly industrialised PROCLIVIA, and geographically separated from the latter by the Reefland, the world's most famous coral reef, ASTERIA kept strong ties with its neighbour. Their close relations were inter alia solemnly underlined in the Orokanga Accord, a non－legally binding, political statement of good neighbourliness and scientific cooperation signed in 1998 at the occasion of ASTERIA's 20－year anniversary of independence.

因被公然批评"反对创新"而倍感沮丧的 CUSKO，转而求助当时尚未颁布国内空间法的邻近小岛国ASTERIA。实际上，ASTERIA当时在国内从未执行过太空活动。这个新兴的独立国家毗邻幅员辽阔、高度工业化且地理上被世界最著名的珊瑚礁Reefland隔开的PROCLIVIA，两国间却保持着友好的邻里关系。这种友好关系在1998年ASTERIA独立20周年之际两国共同签署的《奥罗坎加协定》中得到了官方重申，该协定是一项不具有法律约束力的、有关睦邻友好和科学合作的政治声明。

4. Allured by the prospects of publicity and tourism interest in the wake of CUSKO's "green space technology revolution", the ASTERIAN authorities invited CUSKO to relocate to ASTERIA, in exchange for exempting CUSKO from taxes and offering land to build company premises. CUSKO followed the ASTERIAN government's invitation in December 2025, officially registering the company in ASTERIA and relocating its head office to its capital city Hayden. However, CUSKO maintained both its satellite manufacturing plant and its mission support centre in Mittama, the capital city of PROCLIVIA, since both had already been built and a physical transfer of those complex infrastructures would have been neither economically viable nor possible from a schedule point of view, considering its tight launch program. Following the relocation by CUSKO to ASTERIA, the ASTERIAN government followed the advice of its Attorney - General that it was not necessary for it to enact any specific national space law.

为CUSKO"绿色空间技术革命"可能带来的媒体关注度和旅游红利所吸引，ASTERIA政府邀请CUSKO落户ASTERIA；作为交换，ASTERIA政府给予CUSKO税收豁免并向其提供土地以建造办公场所。2025年12月，应ASTERIA政府邀请，CUSKO在ASTERIA正式注册并将总部迁至该国首都Hayden。但CUSKO保留了位于PROCLIVIA首都Mittama的卫星制造厂和任务支援中心，因为这两个设施已经建成，且考虑到紧张的发射计划，转移这些复杂基础设施无论在经济上还是时间上都不可行。CUSKO搬迁到ASTERIA后，ASTERIA政府采纳了司法部长的建议，认为本国没有必要颁布具体的空间法。

5. In June 2026, CUSKO launched and deployed the first CUSKO - E - TM satellites from its own ORAMI (Operational Rocket Ascent Management Infrastructure) platform, a former oil rig that had been built in PROCLIVIA, licensed as an oil rig by the PROCLIVIAN authorities, and subsequently converted by CUSKO in-

to a floating launch pad towed to, and anchored in, the exclusive economic zone of ASTERIA in January 2026. By December 2026, a total of 150 satellites had successfully been deployed in their intended orbital planes, and the CUSKO－E－TM constellation was declared operational by CUSKO. At that time, ASTERIA issued a commemorative coin equivalent to one hundred Kebcy (the official currency of ASTERIA) to celebrate what it called "a safe eco－logical spaceflight revolution".

2026 年 6 月，CUSKO 从其 ORAMI 平台（火箭升空操作管理设施）发射并部署了第一批 CUSKO－E－TM 卫星。该平台的前身为在 PROCLIVIA 建造并颁发许可的石油钻井平台，后由 CUSKO 改造为浮坞发射坪，并于 2026 年 1 月拖至并锚定在 ASTERIA 专属经济区。到 2026 年 12 月，共有 150 颗卫星已成功部署在其预定的轨道平面上，CUSKO 宣布 CUSKO－E－TM 卫星处于运行状态。当时，ASTERIA 发行了面值相当于 100 Kebcy（ASTERIA 官方货币）的纪念币，以庆祝"安全生态航天革命"。

6. In February 2027, a well－informed investigative online platform, The Discovery Journal, reported that both the functioning of the monostazine－propelled engines and the SARASTRO system had raised concerns among the mission support experts of CUSKO. Allegedly, several satellites had been lost within weeks after their deployment and at least one unplanned close conjunction event occurred (which the journal called "a near miss with the potential to turn the dream of eco－constellations into a space debris nightmare").

2027 年 2 月，一家消息灵通的在线调查平台——《探索》杂志报道称，monostazine 推进发动机的运转情况和 SARASTRO 系统已经引发了 CUSKO 任务支援专家的担忧。据称，数颗卫星在部署后的数周内失踪，且计划外的近距离相合事件发生过不止一次（该杂志称其为"一场极有可能将生态卫星群的梦想变成太空碎片的噩梦"）。

7. Making the news in both countries, the journal article prompted the CUSKO management to issue a press release in which it did not deny the allegations but stated that "our constellation continues to operate in good health, providing first services to users and delivering on the promises of a sustainable future in space and on Earth". It also informed the public that it had, from the time it decided to relocate to ASTERIA, adapted the technical parameters of its constellation, inclu-

ding its emergency escape protocol, to comply with the 2023 "Protocol Against Misapplication and Interference of Automation" (PAMINA), the only international standard in existence for autonomous operation of transportation systems. PROCLIVIA had considered becoming PAMINA - compliant already in 2024 but had decided instead to develop and rely on its own technology, which it regarded as more compatible with the design of its future space program.

发表在这本杂志上的文章使两国舆论哗然，CUSKO 管理层不得不发布新闻稿来应对，该新闻稿中，CUSKO 虽未否认上述指控，但声明"我们的卫星群将继续平稳运行，向用户提供一手服务，并履行太空和地球创造可持续未来的承诺"。CUSKO 还告诉公众，从决定搬迁到 ASTERIA 开始，它就已经调整了包括紧急逃生协议在内的卫星技术参数，以符合现行唯一的运输系统自主运行国际标准——2023 年《防止自动化误操作和干扰协议》(PAMINA)。PROCLIVIA 在 2024 年曾考虑过采用 PAMINA 标准，但后来还是决定进行自主研发，因为它认为自己的技术与未来太空计划的布局更加契合。

8. Concerned by the allegations, ASTERIA requested the CUSKO management to clarify any potential risks arising from the deployment and operation of the constellation. The reply received one week later asserted that the constellation did not pose any risk beyond those risks typically associated with any other space activities of that size and complexity but that, nevertheless, the SARASTRO software and the relative positioning of the satellites would be re - assessed and possibly reorganised to further improve safety. Upon receipt of this response, ASTERIA unilaterally publicly declared a "safety zone" at the orbital altitude of the CUSKO - E - TM constellation, requesting space actors intending to enter or cross that zone to submit advance information of their plans so as to avoid risk of collision.

出于对指控的关心，ASTERIA 要求 CUSKO 管理层说明卫星群部署和运行中出现的任何潜在风险。一个星期后，当局收到了答复，称卫星群并不构成除了与其规模和复杂程度相当的空间活动带来的类似风险之外的任何风险，但即便如此，公司仍将对 SARASTRO 软件和相关的卫星定位重新进行评估，并可能对其进行重组以进一步提升安全性。收到答复后，ASTERIA 单方面宣布在 CUSKO - E - TM 卫星的轨道高度上设置一个"安全区"，所有打算进入或者穿越该区域的空间行为人应预先提交其计划的活动信息以规避碰撞风险。

9. Not satisfied by the depth of information supplied to it by the CUSKO management, ASTERIA then turned to the PROCLIVIAN authorities to request, via a diplomatic note at the margins of the June 2027 COPUOS session, a copy of all technical documentation that CUSKO had originally provided in April 2025 as part of the PROCLIVIAN licensing process, in order to better understand the possible risk of operating a large satellite constellation. This request remained unanswered. No further attempts to reach out to PROCLIVIA for information were made by ASTERIAN authorities, and no further technical problems were reported on the CUSKO – E – TM constellation. At the same COPUOS session, ASTERIA announced that it had become a State Party to the Liability Convention as from 1 June 2027, and repeated in its statement the information requirement it had specified for its declared safety zone.

ASTERIA 对 CUSKO 管理层提供的信息详细度不满意，于是在 2027 年 6 月联合国外空委会议召开之际通过外交照会向 PROCLIVIA 当局提出请求，要求其提供 CUSKO 于 2025 年 4 月最初提交的、作为 PROCLIVIA 审批流程一部分的所有技术文件的副本，以便更好地了解运营大型卫星群可能存在的风险。该要求一直未得到答复。ASTERIA 当局并未继续尝试向 PRCLIVIAN 索要信息，也没有报告指出 CUSKO – E – TM 卫星更深层次的技术问题。同届会议上，ASTERIA 宣布其自 2027 年 6 月 1 日期成为《责任公约》的缔约国，并在声明中重申了此前已宣布的安全区信息提交要求。

10. In September 2028, PROCLIVIA launched and subsequently registered the newest generation of its governmental Discovery of the Antarctic and Maritime Explorer（D. A. M. E.）satellites into outer space：D. A. M. E. – 7T, the world' s most advanced, complex and expensive governmental Earth observation satellite ever built, destined to become a central part of PROCLIVIA' s ambitious scientific programme that it had been carrying out ever since the International Geophysical Year（IGY）1957 – 1958 in and around Antarctica. PROCLIVIA had advertised the mission several months ahead of its launch as opening "a new era of discovery, seventy（7T）years after the IGY".

2028 年 9 月，PROCLIVIA 向外空发射并登记了政府主导研制的最新一代"发现南极和海洋探索者"（D. A. M. E.）卫星：D. A. M. E. –7T 是迄今为止世界上最先进、最复杂、最昂贵的地球观测卫星，其旨在成为 PROCLIVIA 自 1957－1958 国际地球物理年（IGY）来围绕南极洲及其周边地区所实施的雄心勃勃的科学计划的核心。PROCLIVIA 在该发射前几个月就宣传过这次任务，称其将开启“国际物理年 70 年后的新探索时代”。

11. In order to reach its designated quasi－polar orbit at 900 km altitude, which it was meant to achieve by a series of orbit－raising maneuvers, the D. A. M. E. －7T satellite had to cross the densely populated orbital zone utilized by the CUSKO－E－TM constellation. To reduce the risk of collision with other space objects, D. A. M. E. －7T was equipped with the Waltzing Wizard, a ground－breaking collision avoidance system that, on the basis of background surveillance data, would automatically calculate the best trajectory during the spiralling－ out phase. Whenever the Waltzing Wizard system determined it to be necessary, the D. A. M. E. －7T satellite' s on－board computer would execute positioning maneuvers to avoid obstacles.

为达到预定的距地 900 公里准极地轨道，D. A. M. E. －7T 卫星经过一系列轨道提升机动操作后，必须要穿过 CUSKO－E－TM 卫星所使用的、空间物体密集的轨道区。为了降低与其他空间物体碰撞的风险，D. A. M. E. －7T 配备了 Waltzing Wizard，这是一种具有突破性的碰撞规避系统，它可以根据后台监测数据自动计算卫星螺旋上升阶段的最佳轨迹。当 Waltzing Wizard 系统判定有必要时，D. A. M. E. －7T 卫星的机载计算机将执行定位操作以规避障碍物。

12. The novel anti－collision system had been developed by Endeavour Enterprise, a privately－ owned start－up registered in January 2026 in PROCLIVIA, under a governmental contract from PROCLIVIA, which described the Waltzing Wizard both as a risk mitigation measure and an example of PROCLIVIAN expertise and innovation. To support the company achieving this task against a challenging schedule, and to maximise the probability of success of the system, PROCLIVIA provided Endeavour Enterprise with all information it had on the CUSKO－E－TM constellation from CUSKO' s unsuccessful licensing attempt of 2025, including copies of the three original technical assessments.

这一新型防撞系统由 Endeavor 公司开发，该公司于 2026 年 1 月在 PROCLIVIA 注册，是根据 PROCLIVIA 政府合同成立的一家私人创业公司。在这份合同中，Waltzing Wizard 被描述为一种风险缓解措施，它被视为 PROCLIVIA 太空专项技术与革新的典范。为了支持公司如期完成这项充满挑战的任务并尽可能提高该系统成功的可能性，PROCLIVIA 向 Endeavor 公司提供了 2025 年 CUSKO 未能获批的许可申请中有关 CUSKO－E－TM 卫星的全部信息，包括三份原始技术评估的副本。

13. PROCLIVIA did not inform ASTERIA of the exact satellite trajectory of D. A. M. E. －7T nor of its novel collision avoidance system, and ASTERIA did not provide any information to PROCLIVIA on the final configuration of the constellation and programming parameters of the SARASTRO software. After its successful deployment in a parking orbit by the PROCLIVIAN Boomerang reusable air－to－space launch system, D. A. M. E. －7T commenced its spiralling－out manoeuvre towards its final orbit. However, the attempt to cross the orbital shell at 790－810 km, which was populated by CUSKO－E－TM satellites, ultimately led to a cascade of catastrophic events.

PROCLIVIA 没有告知 ASTERIA D. A. M. E. －7T 精确的卫星轨道及其使用的新碰撞规避系统，ASTERIA 也没有向 PROCLIVIA 提供任何关于卫星群最终排布和 SARASTRO 软件编程参数的信息。D. A. M. E. －7T 被 PROCLIVIA“回旋镖”（Boomerang）可重复使用式空对空发射系统成功部署至暂泊轨道后，开始向最终轨道进行螺旋式机动。然而，在它试图穿越由 CUSKO－E－TM 卫星群占据的 790－810 公里轨道时，发生了一连串的灾难性事件。

14. As the newly launched D. A. M. E. －7T satellite gradually approached the CUSKO－E－TM constellation zone, the SARASTRO software interpreted it as an unknown massive space object. In the absence of any available pre－programmed or uploaded information regarding that object, the SARASTRO software executed an emergency escape manoeuvre, which consisted of an automatically sequenced repositioning of those CUSKO－E－TM satellites it determined would be at risk of collision. Immediately thereafter, the Waltzing Wizard system, having received ambiguous orbital positioning data regarding those CUSKO－E－TM satellites, executed its own emergency escape manoeuvre.

新发射的 D. A. M. E. －7T 卫星逐渐接近 CUSKO－E－TM 卫星所在区域，SARASTRO 软件将其识别为未知的大型空间物体。由于缺少关于该物体的可用预编程和上载资料，SARASTRO 执行了紧急逃生操作，该操作会自动对系统判断存在碰撞风险的 CUSKO - E - TM 卫星按顺序重新定位。紧接着，Waltzing Wizard 系统一收到这些 CUSKO - E - TM 卫星的模糊轨道定位数据，便立即执行了紧急逃生操作。

15. At 02h56 UTC on 15 September 2028, as a result of those two uncoordinated emergency manoeuvres, D. A. M. E. - 7T collided with a CUSKO - E - TM satellite, causing the destruction of both spacecraft. While part of the resulting debris cloud remained at its orbital altitude, several large fragments of the D. A. M. E. - 7T satellite - including its plutonium battery - were propelled by the collision to a perigee of approximately 400 km. Since the satellite had been placed in a quasi - polar orbit to overfly the Earth' s poles, that debris, after having re - entered the atmosphere without entirely burning up, eventually crashed into the Uvavian Ice Shelf in Antarctica in October 2033, breaking up on impact and thus resulting in the spread of plutonium on the Antarctic surface close to where PROCLIVIA had been conducting its scientific studies.

2028 年 9 月 15 日世界时间 2 时 56 分，由于这两次互不协调的紧急制动，D. A. M. E. - 7T 与 CUSKO - E - TM 卫星相撞，两个航天器均损坏。虽然碰撞产生的一部分碎片云仍停留在原轨道高度，但 D. A. M. E. - 7T 卫星的几块大碎片，包括它的钚电池，都在这次碰撞中被推到了距地高度大约 400 公里的近地点。为了飞越地球两极，卫星被放置在准极地轨道上，导致这些没有完全燃尽的碎片再入大气层后，最终于 2033 年 10 月撞入南极的乌瓦维安冰架并在撞击中碎裂，导致钚在 PROCLIVIA 的南极科考站附近扩散。

16. The spectacular loss of D. A. M. E. - 7T together with the radioactive pollution brought an abrupt end to the decades - long uninterrupted scientific investigations by PROCLIVIA in Antarctica, where it eventually had to close down its two research stations, SEEKER - I and SABERT - V. At the same time, CUSKO lost hundreds of customers after it and the Government of ASTERIA had been accused of irresponsible profit - making at the cost of hindering safe access to space for others.

D. A. M. E. - 7T 惊人的损毁和造成的放射性污染使 PROCLIVIA 在南极进行的长达数十年、从未间断的科考活动戛然而止，最终它不得不关闭了 SEEKER - I 和 SABERT - V 两个科考站。同时，因为这次事故，CUSKO 公司失去了数以百计的客户，ASTERIA 政府也被指责以牺牲他人安全进入外空为代价，不负责任地从中盈利。

17. Following the spacecraft collision in September 2028, PROCLIVIA and ASTERIA had initiated discussions through diplomatic channels and had agreed to undertake a joint technical investigation, which had been completed in early 2030. In the findings of the investigation, PROCLIVIAN and ASTERIAN experts: (a) agreed that all background surveillance data had been accurate and were thus not a factor in the collision; but (b) failed to agree on the exact circumstances leading to the collision, with each claiming that their respective on-board software systems had functioned strictly in accordance with their programming parameters. With the subsequent crash of the debris in Antarctica, and given that the diplomatic discussions had by that time stalled, PROCLIVIA decided to commence proceedings at the International Court of Justice. ASTERIA accepted the Court's jurisdiction and the parties submitted the foregoing Agreed Statement of Facts. There are no issues of jurisdiction before the Court.

2028 年 9 月航天器碰撞发生后，PROCLIVIA 和 ASTERIA 已通过外交渠道就此事展开对话，并同意开展一项联合技术调查，调查已于 2030 年初完成。根据 PROCLIVIA 和 ASTERIA 的专家出具的调查结果：(a) 双方承认所有的后台检测数据是准确的，这不是碰撞发生的原因；但 (b) 双方未能就导致碰撞的具体情形达成一致，各方都认为己方使用的机载软件系统严格按照编程参数运行。由于其后碎片在南极坠毁，且当时两国的外交对话已经停滞，PROCLIVIA 决定将本案诉至国际法院。ASTERIA 表示接受法院管辖，双方当事人均提交了前述公认一致的事实陈述。本案不存在法院管辖权问题。

18. On the basis of the foregoing Agreed Statement of Facts, PROCLIVIA has requested the Court to declare and adjudge that:

a. ASTERIA violated international law by not authorizing and continuously supervising the space activities of CUSKO.

b. ASTERIA is liable under international law for the loss of the D. A. M. E. -7T satellite and PROCLIVIA is not liable under international law for the loss of the CUSKO satellite.

c. ASTERIA is internationally responsible for impeding PROCLIVIA's exercise of thefreedom of scientific investigation under both the Outer Space Treaty and the Antarctic Treaty.

根据双方一致的事实陈述，PROCLIVIA 请求法院作出如下判决：

a. ASTERIA 未经审批就允许 CUSKO 开展空间活动且未对其活动进行持续监管的行为违反了国际法。

b. 根据国际法，ASTERIA 应对 D. A. M. E. －7T 卫星的损毁承担赔偿责任，PROCLIVIA 对 CUSKO 卫星损毁不承担赔偿责任。

c. 根据《外空条约》和《南极条约》，ASTERIA 应对妨碍 PROCLIVIA 行使科学调查自由承担国际责任。

On the basis of the foregoing agreed statement of facts, ASTERIA has requested the Court to declare and adjudge that：

a. PROCLIVIA violated international law by not cooperating and exchanging information that would have enabled ASTERIA to assess the risks posed by a mega －constellation.

b. PROCLIVIA is liable under international law for the loss of the CUSKO satellite and ASTERIA is not liable under international law for the loss of the D. A. M. E. －7T satellite.

c. ASTERIA is not responsible under international law for any alleged interruption of PROCLIVIA' s scientific investigation of Antarctica conducted from outer space.

根据双方一致的事实陈述，ASTERIA 请求法院作出如下判决：

a. PROCLIVIA 拒绝合作且不提供使 ASTERIA 能够评估巨型卫星群所致风险信息的行为违反了国际法。

a. 根据国际法，PROCLIVIA 应对 CUSKO 卫星的损毁承担赔偿责任，ASTERIA 对 D. A. M. E. －7T 卫星的损毁不承担赔偿责任。

b. 根据国际法，ASTERIA 对指称中断 PROCLIVIA 从外空对南极洲进行科学考察活动不承担任何责任。

19. ASTERIA and PROCLIVIA are both parties to the UN Charter and the Antarctic Treaty. PROCLIVIA is a party to all five UN space treaties, while ASTERIA has only signed (but not ratified), in the wake of its independence in 1978, the Outer Space Treaty. The Orokanga Accord is a non－legally binding "Declaration of Friendly Relations, Good Neighbourliness and Scientific Cooperation" be-

tween ASTERIA and PROCLIVIA, signed by former prime ministers Francis Flinders of PROCLIVIA and Matthew Schubert of ASTERIA in 1998. The PAMINA Protocol is an international technical standard based on UN – recommended block chain technology and issued in 2023 by the International Organisation for Standardisation (ISO), which contains recommendations of a general nature for the use of autonomous transportation systems, without making specific reference to any particular type of system. PROCLIVIA has been compliant in all relevant respects with applicable international nuclear safety frameworks.

ASTERIA 和 PROCLIVIA 都是《联合国宪章》和《南极条约》的缔约国。PROCLIVIA 是联合国五大外空条约的缔约国，ASTERIA 在 1978 年独立后只签署了《外空条约》（但未予批准）。Orokanga 协议是 ASTERIA 和 PROCLIVIA 之间不具有法律约束力的“友好关系，睦邻和科学合作宣言”，由 PROCLIVIA 前总理 Francis Flinders 和 ASTERIA 前总理 Matthew Schubert 于 1998 年签署。PAMINA 协议是基于联合国推荐的区块链技术建立的国际技术标准，由国际标准化组织（ISO）于 2023 年发布，其中包含有关使用自主运输系统的一般特点的建议，但没有具体指出任何特定类型的系统。PROCLIVIA 在所有相关方面均遵守其所采用的国际核安全框架。

后　记

一直以来，湘潭大学法学院都十分重视人才培养工作，大力贯彻实施“三全育人”理念，统筹国内法治与涉外法治，以学科竞赛为抓手，不断强化学生的使命意识、担当意识，着力提高学生运用专业知识，解答国际法治问题、维护国家利益的能力。国际空间法模拟法庭竞赛作为目前唯一由国际法院法官担任总决赛法官的国际性赛事，得到了湘潭大学法学院的高度重视，学院不仅提供资金、场地和设备等保障，还组建了专门的竞赛指导队伍，健全了竞赛选拔、模拟、奖励机制，蔡高强教授、覃斌武副教授、刘功奇博士作为该项赛事的常驻指导老师，长期以来为湘潭大学代表队的参赛给予了专业、高效的指导。在学校、学院及老师们的综合施策、精心组织、靠前指导下，湘潭大学代表队不断突破自我，迎接了一场又一场的挑战，取得了一个又一个佳绩。

雄关漫道真如铁，而今迈步从头越，随着航天强国建设的不断推进，维护中国外空利益，推进国际空间法治成为国内学界研究的热点，由中国空间法学会举办，中国航天科技集团冠名、外交部条法司指导的“国际空间法模拟法庭竞赛（中国赛区）”比赛得到了越来越多高校的重视和参与，北京大学、中国政法大学、华东政法大学、武汉大学、中南财经政法大学、北京理工大学、北京外国语大学、外交学院等高校组建队伍强势竞赛，竞赛激烈程度不断加剧，再加之竞赛本身从口辩到诉状的全英语形式，使获奖难度不断提高。湘潭大学作为国际空间法研究的重要力量，在模拟法庭面临着强有力的竞争。2020 年，为全面提高竞赛水平，湘潭大学组建了两支队伍参加比赛，湘大一队由陈雅铮、文进宝、卢开元、胡杨杰、宋安琪、王瑞、郭露、张金凤组成，湘大二队由黄思嘉、张越、孙雅兰、梁靖、李思瑾、王研、李敏组成，刘功奇、覃斌武、蔡高强三位老师担任指导老师，经过艰辛的准备工作和赛场出色的发挥，湘大一队对阵北京大学，取得年度竞赛亚军的优异成绩，湘大二队获得三等奖，多人获得最佳辩手、优秀辩手等奖励。

本届比赛取得了突破性成绩，是湘潭大学法学院长期参与竞赛，不断挑战自我、励精图治的结果，作为地方综合性大学，与国内一流大学同台竞技，并取得优异成绩，实属不易，展现了湘潭大学法学院开展实践教学的良好成效和博学笃行、勇于超越的精神风貌。今后湘潭大学代表队将以本届竞赛为起点，重新出发，戒骄戒躁，砥砺前行，不断开创竞赛新历史。

为更好地总结经验指导以后的竞赛，刘功奇和蔡高强两位老师对其指导完成的诉状进行了修改完善，并出版成书，本书不仅是国际空间法模拟法庭竞赛的一手资料和重要借鉴，也是中国空间法研究的重要素材，尽管在出版过程中，作者和出版部门精益求精，但是难免存在谬误和不足之处，敬请各位批评指正。

图书在版编目（CIP）数据

国际空间法理论与实践的新发展 ：国际空间法模拟法庭竞赛诉状与案例．2020 / 刘功奇，蔡高强编著．-- 湘潭 ：湘潭大学出版社，2022.4
ISBN 978-7-5687-0736-7

Ⅰ．①国… Ⅱ．①刘… ②蔡… Ⅲ．①外层空间一空间法一研究 Ⅳ．①D999.1

中国版本图书馆CIP数据核字（2022）第060798号

国际空间法理论与实践的新发展：国际空间法模拟法庭竞赛诉状与案例(2020)

GUOJI KONGJIANFA LILUN YU SHIJIAN DE XINFAZHAN:GUOJI KONGJIANFA MONI FATING JINGSAI SUZHUANG YU ANLI(2020)

刘功奇　蔡高强　编著

责任编辑：刘文情
封面设计：张　波
出版发行：湘潭大学出版社
社　　址：湖南省湘潭大学工程训练大楼
电　　话：0731-58298960 0731-58298966（传真）
邮　　编：411105
网　　址：http://press.xtu.edu.cn/
印　　刷：广东虎彩云印刷有限公司
经　　销：湖南省新华书店
开　　本：710mm×1000 mm 1/16
印　　张：14
字　　数：396千字
版　　次：2022年4月第1版
印　　次：2022年4月第1次印刷
书　　号：ISBN 978-7-5687-0736-7
定　　价：60.00元